上海欢言

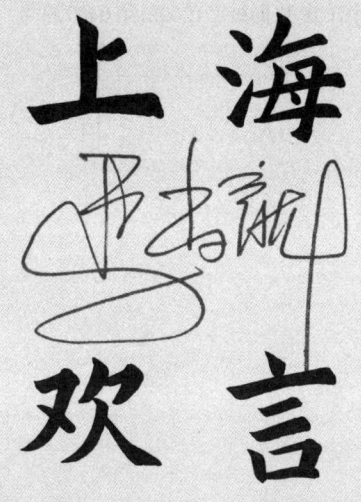

文汇出版社

图书在版编目(CIP)数据

上海欢言 / 马尚龙著 . — 上海：文汇出版社，
2023.4
ISBN 978-7-5496-3934-2

Ⅰ.①上… Ⅱ.①马… Ⅲ.①散文集—中国—当代
Ⅳ.①I267

中国国家版本馆CIP数据核字(2023)第044722号

上海欢言

作　　者 / 马尚龙
插　　画 / 潘方尔
责任编辑 / 陈　屹
封面装帧 / 夏曾珍

出 版 人 / 周伯军

出版发行 / 文汇出版社
　　　　　上海市威海路755号
　　　　　（邮政编码200041）
经　　销 / 全国新华书店
排　　版 / 南京展望文化发展有限公司
印刷装订 / 启东市人民印刷有限公司
版　　次 / 2023年4月第1版
印　　次 / 2023年4月第1次印刷
开　　本 / 720×1000　1/16
字　　数 / 233千字
印　　张 / 17.5

ISBN 978-7-5496-3934-2
定　　价 / 58.00元

自 序
欢言谁与共

像是装了许许多多不同念想的漂流瓶,漂到了我思维的荒岛。打开来,漂流瓶里装着的,竟然是很多年前一代人漂出去的日子,一幅"珍宝"级的市井风情画长卷。

百来年前,因为创造了诸多"远东第一"的纪录,上海便有了"大上海"的美誉。摩登、先进、典雅、乃至奢华,是大上海的熠熠光彩,也是令人向往之所在,令上海人优越之所在。

不过上海人自己也知道,许多的优越感,都是精神上的,或者说是上海这座城市面子上的,并非自己过日子的优越。"大上海"是上海的骨骼、相貌、血型、性格……还应该有一个"小上海",是布满上海全身的毛细血管,是弄堂里的上海,是烟火气的上海,是角角落落的上海,是锱铢必较的上海。

小上海并不是单指棚户区、下只角,和收入低学历低的人群;小上海是体现最普遍市井民风的上海。

大上海和小上海,看似对立,实际上,大小上海的叠加,才是更生动更真实的上海。只不过很多时候,人们被大上海的光耀所吸引,虽然也会看到弄堂烟火气的飘渺,但是比较多停留在物理意义上的怀旧回望，对小上海之"小"，对小上海毛细血管之细，之通达上海周身，还是轻描淡写居多。

引发我这番思考的，是美好的童谣和粗陋的俗语两者间的"同途殊归"——在相似的环境中产生，却走向了完全不同的境界，前者飞向了大上海的梦幻，后者落入了小上海的逼仄。

笃笃笃，卖糖粥，三斤胡桃四斤壳，吃侬肉，还侬壳，张家老伯伯，问侬要只小花狗……

这是最经典的上海童谣了。童趣，美好，幻像……谁都无法解释，糖粥、胡桃、小花狗之间有什么逻辑关系。不要紧，童谣大多这样颠来倒去的。

童谣没有时代指向，没有贫富贵贱，无痛无疾，满足的是童年的美好。

在童谣之外，还有一种哼唱，也朗朗上口，但是和童谣之间，恰似完全不同的"三观"。

"1958年，侬娘养出侬只小癞痢"，"廿四根肋排骨弹琵琶"，"噶许多萝卜轧了一块肉"……

一点不美好，像是蓝领油污的工具袋一样，塞满了日子的窘迫，生活的尴尬，体面的缺损；让人备受讥讽、歧视和起哄，还很刻薄。文明修养是荡然无存的了。不管是在什么年代，它们从来不登大雅之堂。

但是它们具有强大的生命力和渗透力，顺着弄堂，顺着学校操场，顺着孩童和成人的嘴角，蔓延、传扬。

我把它们称为"俗语"。不雅，却也因为俗而简洁明了，直达市井的笑点——一个人的痛点铺垫了所有人的笑点。在痛点和笑点的世俗行为中，俗语漫画式地勾勒了某个年代的世俗生活片段。

俗语，自有它不俗的内核。

俗语有稚趣，有野趣，有智趣，还有年代之趣。俗语不仅是儿童的哼唱，也是成人的语境，不像童谣，只是稚童的幻像。真要佩服俗语的无名创作者的智慧。

俗语是杀器，重在精神杀伤；伤害不大，侮辱很大。但是这种杀伤，往往是自杀式的杀伤，或者说是自杀式的同归于尽。因为所有的杀伤都是有强烈年代感的自嘲，在极尽能事羞辱对方之时，自己恰也是被羞辱的对象。比如用"廿四根肋排骨弹琵琶"来羞辱对方的骨瘦如柴，灾难年代谁都是面黄肌瘦的，谁都不可能是脑满肠肥的。

俗语很俗，却俗得有底蕴，每一句俗语，都足以牵出一个年代，虽然牵扯的方式不讨人喜欢。比如，有些喜好到处传播他人事情的人，至今还被叫作"小喇叭"，谁能想象得到，"小喇叭"的梗，是上世纪五十年代电台儿童节目"小喇叭"？

俗语还暗藏了高深的文化和艺术。想一想，"廿四根肋排骨弹琵琶"，为什么弹的是琵琶，而不是古琴不是月琴？我简直怀疑，这句俗语的始作俑者，来自某位评弹名家的即兴笑语，只有他们才了然琵琶和肋骨间的奥妙，才会像如今的脱口秀信手拈来。

越是贫穷窘迫，俗语越是创造力想象力无限。如今，日子渐渐安逸，俗事少了，俗语也没有了。只是偶尔触景生情般想起了某一句，这时候的俗语，像是装了许许多多不同念想的漂流瓶，漂到了我思维的荒岛，打开来，漂流瓶里装着的，竟然是很多年前我们一代人漂出去的日子，一幅"珍宝"级的市井风情画长卷。

俗语就有了社会学的意义，有了民俗学的意义。俗语是回望上海那个贫穷苍白年代的一个小孔。俗语内含的社会、民俗和文化的价值，长期被忽视，被低估，被当作不文雅之物丢弃在少人顾盼的角落里。

俗语诞生于苍白年代，表达的内容也是贫穷和窘迫，嘲是真的，笑也是真的，幽默也在刻薄中滋生。市井之笑语，市井之欢趣，从未因为生活贫穷苍白而丢失过，甚至可以这么说，那个年代的欢趣值，高得不可思议。

上海俗语，就是上海欢言。

欢言谁与共？你我世俗人。

李白有诗句写道："欢言得所憩，美酒聊共挥"。大意是说，欢言笑谈得到放松休息，畅饮美酒宾主频频举杯。陶渊明也有欢言诗句："欢言酌春酒，摘我园中蔬。"诗意更加直白无需解释。以两位大诗人的"欢言"诗句，来注解上海人的欢言和上海的欢言年代，倒是别有意思的。

欢言是生活状态，且有生活情景。从中也可以推断出：有欢言的生活，一定还有有欢趣的日子。有钱有滋味可以欢趣，无钱无味道可以创造欢趣。弄堂、石库门的俗常欢趣，是欢言的母体。

尤其是石库门为代表的上海弄堂生活，因其私人空间几乎被完全忽视而最富有戏剧性效果。人人都有故事，人人都暴露在无处逃逸、无处隐身的舞台上，只在于舞台的投灯是投在哪个人身上。

有含辛茹苦的正剧，有自得其乐的生活剧，有鸡飞狗跳的闹剧；有奋发图强的励志剧；有眉来眼去的言情片，有咬牙切齿的战争片……合在一起，是一出以石库门作绝对主角的上海市井轻喜剧。这就想得明白一件事情了：几乎所有的石库门题材电影电视剧，都是轻喜剧风格的，盖因石库门每个角落都挤满了市井的欢言与欢趣。

当然，石库门只是上海最大最密集的市井民风集散地，而市井民风，欢言与欢趣，绝非上海弄堂独此一家的土特产。人心大同，凡有人在过日子的地方，皆有欢言。即便是巴黎的塞纳河两岸，纽约的百老汇，泰晤士河上的伦敦桥，肯尼亚的草原，南极的冰川……

欢言是世界性的行为语言。从石库门到世界各个地方的什么什么门，语言各异，欢言皆同，只是欢言的解读体系完全不同，欢趣更需要有破解它的密码。人性、情爱、做派……吃喝拉撒之类，开门求雅趣，关门做俗事。就像雅趣可以做俗，俗事也可雅做，俗事更兼智慧。

况且，市井的雅和俗，欢言的清和浊，常常叠加或者换位，以至会有错觉，会有错过，会有错位。可以因错觉做了一件雅事，也可以因错觉做了一件俗事。旁人则也是因为错觉而将雅俗倒置，事情却是回到了原点。世界性的欢言和欢趣，就是如此这般的出人意料而生动有趣。

每件事情都有原点。《上海欢言》也如是。书中"留声机，小喇叭"辑，是我刚刚完成的个人专栏，每月一篇，发表在曾经供职的《现代家庭》杂志。专栏文章需要图文相佐，我请来了潘方尔先生，他的漫画是文人画，不求画入文中，却是话外有画，尤其是他的"潘式"非诗之诗，让人想到了比文章更远的地方。几年前，潘方尔喜欢半夜时分在朋友圈发漫画，我常常因他的漫画和非诗之诗笑出声来，由此睡眠受损。

还是在2022年专栏尚有半年未完成之际，本书责任编辑陈屹问我有没有可以成书的文章，让我想到了二十年前陈屹向我约稿的往事。当时陈屹在《新闻晨报》负责随笔栏目。应她之邀，我每星期为晨报写篇随笔，大约写了两年。我曾经对陈屹说，许多人都说我《上海女人》不错，其实我知道，在晨报上写的都市随笔，改变了我之前写杂文的习惯，无意间为之后的《上海女人》以及再之后的上海系列，打开了新的写作天地。所以，当陈屹向我约书稿时，我一下子想到了我和她之间的原点。相隔二十年，再签编辑和作者之盟。

谁都回不到过去，但是很多年后，有些事情会有很奇妙的关联。念及过往，并非所有的原点都让人惬意，但是与有惬意的过往关联，是更加的惬意。关联，算不上是欢言，可谓欢趣。欢趣则直接萌生了《上海欢言》。

我不敢妄论李白和陶渊明"欢言"诗句之高低，但是完成本书书稿时的心境，更贴合的似是陶诗——"欢言酌春酒，摘我园中蔬。"

2022年10月16日

目 录
Contents

自序

欢言谁与共　/ 001

留声机，小喇叭

横亘于江湖和道德间的人参世界　/ 002
留声机大喇叭与市井小喇叭　/ 007
在肋骨上弹拨时代曲　/ 011
"紫丁香"绽开在 1958 年　/ 016
花花世界，夜来香花露水　/ 021
萝蕤散发的"环肥"审美　/ 026
谁点了"铁板"　/ 030
你喜欢什么素　/ 035
苏州河边的色拉嵌面包　/ 039
在"上流世界"中浸染沉浮　/ 044
万金抵家书的流金岁月　/ 049

黑猫警长卸下了警服之后 / 054

最是蒙羞"面疙瘩" / 059

儿科加一个小…… / 064

预防针啊预防针 / 069

无轨电车老司机 / 073

耳边叮咚响 / 077

阿王的忍辱前行 / 081

千回百转君安在 / 085

被亵渎的"八级钳工" / 090

隔夜饭这件事 / 095

赤脚战鼓 / 099

娘舅的权重和心思 / 104

谁放的臭屁 / 109

亭子间春光秋色

"猫宁靠"的肌肉记忆 / 116

隔壁戏 / 118

乘乘风凉，诵诵风情 / 120

天地同和，心向远方 / 122

今朝天气暖洋洋 / 125

老虎灶楼上 / 127

公交车上辣身舞 / 129

弄堂喜酒弄堂婚 / 131

制高点的乡村骑士 / 134

爱国卫生"掀"高潮 / 136

夜饭连着夜报 / 138

螺蛳壳里有智斗，也有智慧 / 140

"上海妈妈"是块金字招牌 / 142

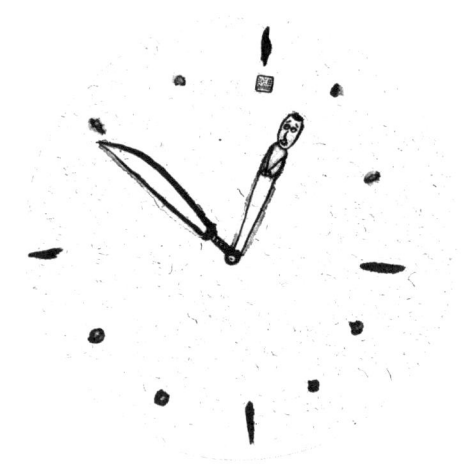

仲夏夜消暑集散地 /144

小宁波，小广东，老山东…… /146

亭子间春光秋色 /148

卡拉 OK 飘来又飘去 /150

惊咚惊咚惊咚哐 /152

守不住的岁，共同度过 /154

一声"妹妹"有讲究 /157

逍遥派也算是海派 /159

市井版的"休息时断想" /161

上有老，下有小，当中还有…… /164

俗事情有俗智慧

预定一个梦 /168

金发美女 /171

娃娃脸 /174

洗澡时想了什么 /177

膝盖以上两厘米 / 180

随风而逝 / 183

泰山与鸿毛之间 / 186

你赢了 / 189

男左女右 / 191

精神优越感 / 194

精神虚荣心 / 196

第三围 / 199

浪漫中的雷同 / 202

盥洗室里的脸红 / 206

戒指之戒 / 209

缘是一个托词 / 212

两性的偏见 / 215

玫瑰的梦与玫瑰的未来 / 217

美丽妖艳，各领风骚 / 221

浪漫装卸器 / 225

妩媚三秒钟 / 229

不夜城的夜路 / 232

卧室之门 / 235

看鞋识男女 / 238

丢一丢手帕 / 242

拉链门的革命意义 / 245

生活课程表 / 248

来日纵使千千晚星 / 251

俗事情有俗智慧 / 254

懒觉生命力 / 257

嗅觉心理 / 259

手纸的传说 / 262

天下就有不散的筵席 / 264

有许多梦想和热情的内核是错觉

甚至爱恨情仇也由错觉而生

没有错觉就没有幻想

就没有卖火柴的小女孩点燃火柴的绚烂一刻

在错觉中期待、钟情与不屑

也是在错觉中被期待、被钟情、被不屑

没有错觉的世界是冷清的

错觉常常来自生活和情绪的反差。即使在最窘迫的日子里，仍旧会有欢快的揶揄，像嘲讽自己一样嘲讽别人。那个年代，是产生错觉的年代。有错觉，才有欢言。

借用错觉表达生活态度，不啻是艺术，是本事。

留声机，
小喇叭

号称人参都要吃饱的时候，饭都吃不饱呢，透露出了中国人对人参的膜拜。

横亘于江湖和道德间的人参世界

常听说有"饭吃饱了""老酒吃饱了"，谁听说过"人参吃饱了"？人参既非美食，也不是米饭一类，何来吃饱？

不过还真是有此一说，去问一下四五十年前的孩子，他们都懂。他们时常看着大人们吃饱人参，偶尔，他们自己也被小伙伴质问，侬人参吃饱了？

饥饿时代，吵架多，并且喉咙响。邻里、同事、同学，甚至有一些夫妻、家人，总像是干柴烈火一般易燃易吵，而且停不下来，声音也越来越响，隔三条弄堂都听得到。突然有人看不下去来劝架：格种事体有啥好吵，还哇啦哇啦，人参吃饱了？有时候也发生在吵架的一方对另一方的嘲弄：侬今朝存心是来寻我事体，我看侬是人参吃饱了。还有是在做分外事、管闲事的时候，也会有人冒出来一句：侬人参吃饱了！还有时候，麦克风传来悬空八只脚的高谈阔论，一阵耳语吹过去：伊人参吃饱了。

人间无非过云楼，人参吃饱别犯傻，何必事事太认真，想想何再聚首。

"人参吃饱了"，在句法上也可以倒过来：吃饱人参了。

蛮奇怪的。号称人参都要吃饱的时候，饭都吃不饱呢。按理说吵起架来，五斤哼六斤，需要底气，最大的底气就应该是饭吃饱了菜吃饱了，为什么舍近求远，饭尚且限量吃不饱，还要去吃饱人参？千万不要以为那时候人参比饭便宜，在饭没吃饱的年代，人参是神话传说，没几个人真的见到过，但是在争吵时，把人参当作了反讽的利器——你没有吃过人参，哪里来的这般力气？同时也透露出了中国人对人参的膜拜。

人参从来就是中国人最好的补药。穷人和人参是没有关系的，有钱人也是将人参当作奢侈品。

《红楼梦》中有一味药，经常提及，没错，是人参。第三回，林黛玉初进贾府——众人见黛玉身体面庞怯弱不胜，便知她有不足之症，黛玉说："如今还是吃人参养荣丸。"贾母说："正好，我这里正配丸药呢，叫他们多配一料就是了。"像林黛玉这样的瘦弱人儿，人参温和提气，是最恰当不过的补药了。

更何况是一国之君？

中国历史上最长寿的皇帝乾隆，寿至89岁，七十多岁高龄还诞下一小皇子，凭的是什么？人参。乾隆好人参，封其为仙丹，曾经御书一首《咏人参》的诗："性温生处喜偏寒，一穗垂如天竺丹。"有记载说，乾隆皇帝常年吃人参，每天都要含几片人参。

再往前追溯，便是《本草纲目》了：人参"治男妇一切虚证……"中国人在人类世界最早发现了人参的价值，并且从此对人参顶礼膜拜。连"参"这一个字，就象形于人参。

"人参吃饱了"从此成了中国人几千年亘古未变的梦想。人之亏虚问郎中，药补最重乃人参。

在盛行"人参吃饱啦"的年代，平头百姓也有吃人参的。当是冬至起补，这是"冬天进补，春天打虎"的道理。单位食堂排队买饭时，有人说今天萝卜烧得蛮好的，却有人说，这几天我不吃萝卜。为啥不吃萝卜？又有人插话进来，听不懂啊？人家在吃人参呀，吃人参就不好吃萝卜。那位不吃萝卜的人，像是有点羞涩，却也默认了，脸上分明带了虚荣的满足。倒是有一种萝卜，长得像人参，带了根须，便有了好听的名字"人参萝卜"，酱菜店里会有。吃起来总是会自嘲是在吃人参。

若是去中药房买人参，那是大事情了。中药房当然是要去最有名气的，比如同仁堂，雷允上，童涵春，蔡同德，徐重道……这些中药房，看着店名，也放心。

半老不老的男营业员迎了上来，听讲是买人参，不是买"午时茶"（一种退烧中成药，很便宜），更加客气了，三句两句一搭脉，便知晓了客人的心思。若是送长辈，那就品相好一点。若是自己进补，可以实惠点，少了些参须就便宜；最实惠，就买参须，一样是人参……那时候没有电子秤，中药房的秤，秤盘秤砣都是袖珍型的。营业员拎起秤攀，还有些微微翘起兰花指，让客人看得清没做任何手脚。而后会关照客人如何隔水蒸，分几天吃完；还有忌口，比如萝卜。

人参不仅是名贵的补品,也代表了正义善良传奇。1961年上海美术电影制片厂制作了动画片《人参娃娃》,那一个白白胖胖而神奇的娃娃,是千年人参幻化的——胖、长生不老、正义,恰是那一个时代的市井梦想。

也有隐晦的幻想。在一部香港电影中,一个老实人吃了百年人参变得极端好色,性犯罪……

这就是人参的江湖地位了。

"文革"后期,有一个小青年中学毕业分配到了中药房,在药味道的熏陶下,对中药渐渐熟稔,对人参更是充满了梦幻般的膜拜。

许是那个年代普遍营养不良的后果,小青年贫血了。老店员像是老中医,仙人指路,要调理,最好吃点人参补补元气。

人参?小青年卖出去过,论克卖的,哪能吃得起?突然小青年想到了木匣子里有好几根野山参,一定大补元气。不过野山参像金条一样,有数目的。为了补补元气,小青年想出来一个妙招。乘人不备,他从木匣子里偷偷拿了一根野山参,塞进袖套,带回家,连夜隔水蒸,喝了头潽参汤。第二天一清早将野山参放在家里窗台上太阳晒,晒干后带回中药房,物归原主。店里谁都没有想到野山参会"野出去",那时候人心善良,都没有把人往坏处想。

小青年本来只想补一次的,过了一星期,心又痒了,又拿了根野山参"野"到自己家里,夜里又喝了头潽野山参汤。还是没有被发现。

本来这事情就这么过去了,谁知没几天小青年出鼻血了,还不止。老店员给他把脉,又看看舌苔,看出了端倪。野山参不像生晒参性温和,野山参不可以乱补,人参不可以吃饱。

后来真有一天,人参可以当饭吃了。上世纪八十年代,老百姓饭吃饱了,也有点点积蓄了。饱暖思淫欲,富贵盼长寿。人参药酒,人参蜂王浆,人参口服液,人参茶……一时间登上了礼品的皇位,也成了中国保健品的开山鼻祖。

"人参吃饱了"渐渐淡出市井,但是人参的地位仍旧高高在上,直至后来,人参浴都有了。那是在洗浴中心最四海翻腾的年代。澡堂水成了人参汤,人泡在了人参汤里,想那杨贵妃华清池也就是这个待遇了。

我也因为人参膜拜去泡过人参浴。在澡堂池边,有一个玻璃大鱼缸,几十根人参横亘其中。有清水注入鱼缸,浸润着人参,鱼缸底端有出水口,人参汤从此泻入洗浴池。要是早二十年,喝一口浑浊的洗澡水也值啊,没有吃饱人参,至少也是喝饱了人参汤。不过彼时人参走下神坛了。我问过洗浴店的老板朋友,那些浸泡了好多天的人参最后怎么处理?老板说,扔到垃圾筒里了,现在人参又不值钱的。倏忽间,我想到了那个中药房的小青年,喝了头潽野山参汤,流鼻血。

洗澡都用人参汤,不是抬高人参,是对人参的羞辱,好像吃人参和吃洗澡水是差不多的待遇。也连坐了"人参吃饱啦"这句市井俗语。再也不会有人这么嘲笑别人了。

人参的江湖地位不再,"人参吃饱了"这一个意思还在。家族圈,朋友圈,江湖圈,有人亢奋,有人拉讲(沪语,即天花乱坠),有人乱来,有人堆笑,有人贪心,有人歇斯底里……"吃饱人参了"的帽子是套不上了,太过时了。现在流行吃海参,海参是吃得饱的,不过吃饱海参一定是有毛病了。那就简单点,吃瓜的群众,眼神一斜:吃饱了,有空!甚至眼神也没有斜过,只是微信里一来一去,一个表情。

> 许多人记忆中的"小喇叭开始广播啦",葛兰老人严肃纠正,我们的节目是"小喇叭"。

留声机大喇叭与市井小喇叭

葛兰是少儿节目"小喇叭"的首任播音员,那已经是1956年的往事了,从中也能估摸葛兰如今的高龄。恐怕葛兰自己都没有想到,电台的一个少儿节目,六十多年之后还在继续播出,连开始语都没有更换过:"嗒嘀嗒哒哒嘀,嗒嗒嗒嘀嗒,小喇叭开始广播啦。"电台节目很少有如此旺盛的生命力的。

这位播音艺术家更没有想到的是,在上海,"小喇叭"却是有和她的"小喇叭"少儿节目完全相悖的意思。即便是在当下,"小喇叭"在市井坊间,依旧是一个很强的被蔑视的符号。两个小喇叭形象迥异,但是生命力同样顽强。这一定不是葛兰愿意看到的,但是没有办法,市井俗语不受任何人的左右。从另一个角度来说,也不得不佩服上海人的群体智慧,可以将一个吹响全国的童真"小喇叭",嫁接到恶俗的嚼舌者身上,确有恰如其分之妙。并且以"小喇叭开始广播啦"这么一个行为句式来刻薄搬弄是非的人,许多人以为那一档儿童就叫作"小喇叭开始广播啦",以至在很多年后的一次回顾中,葛兰老人也严肃纠正,我们的节目是"小喇叭"。

常有这样的事情。一个人到了新的地方,见识到不少陌生面孔,有人矜持一笑,有人热情迎接。一阵觥筹交错间或者拍手点赞之余,会有人暗中提醒,当心某某,少和她讲闲话,此人是有名的"小喇叭";或者倒过来,某人虽然是新户头,名声却是早就传过来了,这个人是有名的"小喇叭"。非常嚎的是,"小喇叭"传播着别人,其名声也被别人传播着。

也或者是在熟络后,常常还是要防着"小喇叭"。任何片言只语,只要有"小喇叭"在,旋即扩散,并且严重失真扭曲变形。"小喇叭"自有本事可以套近乎,可以套出话来。远在互联网之前,小喇叭就被称作是信息中心。这才是要对"小喇叭"严防死守的原因所在。

后来"小喇叭"亦可省去一字,当心,这个人是"喇叭",也可以变成"放喇叭"。顺便插入一句,若是变奏为"喇叭腔",意思也变了,那是说了大话拍了胸脯却毫无结果。

是否上海"信息中心"比别的地方多,才会发明了"小喇叭"这么一个市井俗语?从乡间到市井,必定都有"信息中心",被叫作"信息中心"的长舌妇一直划归为小人。

《诗经·大雅》中,便有"妇有长舌,维厉之阶(灾难邪恶之祸根)。"长舌妇由此而名。

在传统休妻规定的"七出"中,"长舌妇"冒犯了第六出"口多言":妻子作为一个从原本家族外进来的成员,多话被认为有离间家族和睦的可能。

若是死不悔改,那么到了阴间,会被打入十八层地狱的第一层"拔舌地狱":凡在世之人,挑拨离间,诽谤害人,油嘴滑舌,巧言相辩,说谎骗人,死后被打入拔舌地狱,小鬼掰开来人的嘴,用铁钳夹住舌头,生生拔下……

可见中国人对长舌者之憎恶。

我曾经在一些寺院的后院看到过"十八层地狱"的展示，大约是担心太吓人倒怪，"十八层地狱"不向普通香客开放；其实开放也不错，香客或就此多了畏惧之心。

当然，爱嚼舌根的从来无关性别，男人好"小喇叭"这一口的，也多得是，只是有典故在，就不叫作"长舌男"了。

上海人生活在城市文明空间里，文明是要面子的，生存空间又是那么小，便更多知道要像穿好衣服一样地保护好自己的私生活，更知道人际关系的浓淡分寸，少说为好，也就更加厌恶信息中心的存在，最后给这样的人起了一个绰号"小喇叭"，而且还要将名词扩展为句子——小喇叭开始广播啦，那是一个行为在发生。

"小喇叭"非常传神。喇叭学名是扬声器，将声音变响传远。一个"小"字，突出了喇叭的两个特性。小喇叭，就像以前装在半导体里面的喇叭，不可能是高保真，音质失真。引申到人，小喇叭一定是鸡零狗碎、格局很小的人，没有资质，也没有胆量去做一个高音喇叭。若是一个有修养有身份的圈子，一定是容不得小喇叭混入其中的。

"小喇叭"的称号诞生在上海，倒也无愧于上海。如今经常看到的老式留声机，大喇叭很雄伟，放出来的声音却是很缠绵，比如"玫瑰玫瑰我爱你"。老上海的印记，在留声机唱针与唱片的滋滋摩擦声中，回旋了过来。中国最早的喇叭也应该诞生在上海。至于小喇叭的生产，四五十年前，上海飞乐电声总厂已经生产了，而且是专供民用装半导体收音机的。印象中飞乐是一家街道工厂。

在留声机喇叭一度被砸扁之后，上海倒是有新花样的喇叭，派了新花样的用场。市井有市井的喇叭，社会有社会的喇叭。灭四害时代，喇叭还稀有，里弄干部用硬纸板卷起来，一头大一头小，"消灭四害最重要"就这样放声出去了。硬纸板喇叭毕竟不经用，宣传工作频繁得像走马灯，升级版的铁皮喇叭问世了，喇叭身体上还装了手柄。喊口号的年代，尤其是叫喊响彻云霄的口号，喇叭的声音传遍四方。

七八十年代，商店里货少人多，小偷隐身其中，常有失窃发生。店里常设一个高凳，戴红袖章的纠察高高在上，一手小红旗，一手铁皮喇叭，像瞭望哨一样威武。若有小偷要下手，纠察队员便提起喇叭：顾客同志们请注意了，警惕小偷扒窃，皮夹子摆摆好。

直至手持电喇叭的第一声哇啦哇啦，市井弄堂小喇叭和电喇叭交杂。"零拷洗洁精来了"，"药水药片有吧"，弄堂生意用上了电喇叭。以前很多年来的弄堂叫卖，桂花赤豆糕，修棕绷修套鞋，补碗，削刀磨剪刀……虽然也是南腔北调，听上去是有乐律节奏的，电喇叭吆喝的是生意，正经不正经的，都毫无美感。"小喇叭"彼时也是有了新的时代特色：某人家小姑娘寻的老公大伊二十几岁，离婚的；某人家老公出事体了。

还有一种喇叭，既堂而皇之，又是时髦之物，还很贵：四喇叭立体声双卡收录两用机，三洋、索尼、松下……昔日的靡靡之音萦萦绕绕：小城故事多，充满喜和乐。偶尔，也有把"小喇叭"称作四喇叭的，那是这个喇叭的作用太强，只有四喇叭可以匹配。

后来家里都有成套的功放音响设备了。设备是好了，房子当然更加好了，不过自己还是个"小喇叭"，人人都知道，就是伊呀。伊是啥人？侬忘记啦？社会千变万化，"小喇叭"依旧要开始广播啦。其实这个"小喇叭"，从来没听过"小喇叭"节目。初一十五还要去烧香；人在寺院，喇叭照旧。

> 琵琶一格一格横档,谓之"品",人的肋排骨也是横着的一根一根;琵琶仿佛是为瘦骨嶙峋的24根肋排骨度身定制。

在肋骨上弹拨时代曲

除非是学医或者是通识奇才,一般是不会关心人有多少根骨头的。只有一种骨头,长在什么位置,还有名称、数量,谁都知道,文盲也知道。那就是24根肋骨。若是上海人,称其为24根肋排骨。不是因为医学常识普及,而是一个时代留给一代人的生活印记——24根肋排骨弹琵琶,弹出了一段五十年前的时代曲。

论说五十年前的古董往事,像是夏天铺开包了大半年的草席。卷着的草席也卷着去年乃至更早的气息。而且,24根肋排骨弹琵琶,恰恰是将夏天的草席当作幕布或者背景的。

那时代流行男人赤膊。不管大人小孩,大热天,一条平脚裤,一双塑料海绵拖鞋(更早是木拖板),便是全身装束了;从屋里走到弄堂,甚至到弄堂外烟纸店买香烟,到酱油店拷酱油,谁都不会大惊小怪的。石库门过街楼下,通风阴凉。中午时分,总有男人打牌下棋,当然也是赤膊对赤膊的,一杯浓茶,一包香烟,一条湿毛巾搭在背脊肩膀上，有降温作用。为了一张牌出错了，便是"俫娘俫娘"吵起来，吵得热了，拉下毛巾揩汗。有个男人立起身说，去出泡屎。算是缓解了冲突。弄堂里就有露天小便池。男人背对弄堂，撩起平脚裤一角解手，有女人从他身后经过，各自都没有什么尴尬的。

真正的赤膊大赛是乘风凉了。

下半天四五点钟，弄堂或者弄堂外头小马路，已经浇过水了，摆躺椅，铺汰衣裳板，搭台子，一一就绪。最早出场的是小孩子。刚刚汰好浴，撒过了花露水，头颈、腋窝、脚胖嵌档扑了痱子粉，雪雪白。有隔壁阿娘拉过小孩子说，让阿娘闻一闻，啊哟，喷喷香。赤膊小人就此在汰衣裳板上游戏。

接下来吃晚饭，乘风凉，又是打牌，嬉戏，调情……男人几乎赤膊。

在非常著名的公共场所，比如外滩，比如人民广场，比如茂名路锦江饭店楼下，也自有赤膊大将军夜夜消暑，这些地方堪称乘凉的风水宝地。虽然报纸电台频频宣传文明礼貌，但是赤膊不犯法的。

上海，除了公认的"上只角"比较少赤膊，因为上只角家里朝南，面积大，通风，就算是赤膊也在家里赤了，出门，不赤膊的。这也算是规矩。

上只角只是上海一只角，除了上只角，严格地讲，都是下只角了。石库门，矮平房，阁楼……蒸桑拿是夏天的常态。赤膊，赤到弄堂马路上，也是常态。老早的闸北区，底层市民一作堆，逃荒的难民，苏北来的"三把刀"（切菜刀、理发刀、扦脚刀）云集闸北，还有拉黄包车，推粪车的底端服务行当，形成了苏北窟，番瓜弄的前世滚地弄，还有更多的棚户，就在闸北区。既没有宜居的生活条件，又相辅相成缺少文明礼仪，赤膊等于闸北。闸北区于是有了不雅的诨号：赤膊区。

虽然"赤膊区"这个诨号起自因为遭受日军轰炸侵略，致使闸北95%以上建筑物被毁，工商业精华消失，文化教育破坏殆尽，人民流离失所，不过，六七十年代，闸北仍旧是棚户王国，至今都还有棚户的存在，加上农民工在此安营扎寨，大热天赤膊的男人也不鲜见。

赤膊有欠文明，但是赤膊在那一个时代盛行，在那一个地域持久不衰，成了社会现象，倒是上升为"赤膊文化"了。

"赤膊文化"万千，甚至还诞生了一句经典俗语：24根肋排骨弹琵琶。

24根肋排骨弹琵琶，是赤膊时代天时地利人和之大成。

赤膊的年代，是贫瘠的时代，住房条件差，赤膊赤到了公共空间。也是因为贫瘠的时代，粮食不够吃，鸡鸭鱼肉一年吃不到几次，普遍营养不良，面黄肌瘦，是每一个上海人的生活印记。春秋冬三季，显出来的是面黄，三伏天，因为赤膊，肌瘦便原形毕露。肌瘦最显著的位置，莫过于前胸，膊一赤，肋骨弹了出来。若是做一件需要手上举的事情，比如伸个懒腰，肋排骨更是一根根暴凸在胸。在电视上看到过非洲饥民，也看到过"自然灾害"时期的饥民，都是肋排骨骨架凸起，细腰细腿瘪肚。上海人在那个年代虽非如此之状，不过肋排骨，即便是不赤膊，摸上去也是凹凸有致。

一根根肋排骨凸起，像是琵琶上的"品"——琵琶上一格格横档谓之"品"。人有肋排骨，对应琵琶有品，对得上的。琵琶演奏时是被抱着立起来的，一品一品横着，且都是戳出状，人的肋排骨也是横着的一根一根。琵琶仿佛是为瘦骨嶙峋的24根肋排骨度身定制。

在写到琵琶这一节时，我请教了上海评弹团团长高博文。一请教，便是对"24根肋排骨弹琵琶"这句俗语的无名创造者肃然起敬。高博文告诉我，现在的琵琶，一般是6相24品（相是品之上的一段）。肋排骨24根对应琵琶24品。这不是巧合，是极高的艺术想象。在所有的弹拨乐器中，吉他没有品，也过于时尚小众，月琴有品而非24品，唯琵琶24品，形似神似方有绝妙。

上海的市井文化是有灵性的，有黑色幽默的，也是浪漫的。在非常贫瘠的年代里，虽然吃住皆窘迫，日子不好过，但是颇有苦中作乐的情怀，用弹琵琶解嘲营养不良。24根肋排骨弹琵琶，弹出了时代曲目，也弹出了上海人的生活。上海人多喜欢评弹，对琵琶也就熟悉。亭亭玉立，琵琶声声，既有上海人的生活，也不无乐观。和传统文化中的"两肋插刀"形成强烈反差；"两肋插刀"是北方的义气，"24根肋排骨弹琵琶"有江南的婉约。

琵琶向来是有美感的乐器。白居易的不朽之作《琵琶行》，写到了对琵琶女闻声期待，"千呼万唤始出来，犹抱琵琶半遮面"。又写到了自己的感受，"今夜闻君琵琶语，如听仙乐耳暂明。莫辞更坐弹一曲，为君翻作《琵琶行》"。

在声情并茂"24根肋排骨弹琵琶"的时候，电影《铁道游击队》中的主题歌《弹起我心爱的土琵琶》，非常唯美，风靡一时。所谓土琵琶，其实是柳琴。柳琴和琵琶很接近，只是有品无相。可以断言，铁道游击队在"唱起那动人的歌谣"时，他们的24根肋排骨也是可以弹琵琶的。

后来还知道了琵琶名曲《十面埋伏》《春江花月夜》。再后来，又知道了敦煌风格的舞蹈"反弹琵琶"。反弹琵琶一时间成了流行的舞姿造型。反弹琵琶是否也能弹到肋排骨？很多人以为，24根肋骨是排列在前胸的。错了。前胸左右各6根肋排骨，后背左右也是各6根肋排骨；合起来24根肋排骨。况且，24根肋排骨弹琵琶，弹弹前胸肋排骨，唱唱腹内"空城计"便足矣。

也是在24根肋排骨弹琵琶的年代，肺结核仍是较难治愈的大病，要做胸腔手术。那时候还没有微创，打开胸腔，抽掉三根肋骨，方能完成手术。因为抽掉了一侧三根肋骨，手术后肩甲就斜了，还被人家叫作"比萨斜塔"。

琵琶算得上是中国乐器中的佼佼者。最早被称为"琵琶"的乐器大约在秦朝出现。"琵琶"二字中的"珏"意为"二玉相碰，发出悦耳碰击声"。

盛唐时期，中国音乐史上的"燕乐"应运而生，琵琶在燕乐乐队中，成为独领风骚的领奏乐器。上至宫廷下至民间，琵琶成了一种雅俗共赏的乐器。"凉州七里十万家，胡人半解弹琵琶"，说明了当时琵琶的流行，在江陵一带，更有"琵琶多于饭甑"之说。

上海人对琵琶一直情有独钟。1933年，大光明电影院举行落成典礼，二十多岁的卫仲乐在庆典上演奏了《十面埋伏》，一举成名，为上海后来的繁华设下了埋伏，也为他后来成为"琵琶大王"作了预演。留待考证的是，那时候逃难的饥民灾民遍布，或许已经有了"24根肋排骨弹琵琶"的说法。

"24根肋排骨弹琵琶"是需要天时地利人和的。忽一日，吃得饱了，住得宽了，不乘风凉了，赤膊也就赤不起来。即使洗澡时赤身上下，只见赘肉累累，肋排骨摸都摸不到了，哪里还能弹琵琶？唯有模特儿保持着肋排骨的骨骼清奇。

但是肋排骨，或者叫作肋骨，没有被遗忘，只是没那么重要。听到了周笔畅有首歌，歌名就是《肋骨》：话说女人的最初源自男人的肋骨/找不到幸福呼吸都辛苦/从热恋到不满足到最后像啃肋骨/你和他一副弃之可惜的态度……和24根肋排骨一点关系都没有。这一代少年，怎么知道24根肋排骨弹琵琶的音律？

做原来的事，不做原来的人。有点像转基因，总是会有些意想不到的事情发生，不做原来的人，也就做不好原来的事了。

"紫丁香"绽开在1958年

1958年，那一年，你还没有出生；你的父亲母亲都没有出生。或许你出生了，不早不晚，就是1958年，或者和1958年相近的年份。

那就应了这一句了："1958年，俫娘养出侬只小癞痢"。"侬"是沪语，你的意思。其实你不是癞痢，但是癞痢是你的童年"文身"。

这童年"文身"也是整整一代50后的。有好些有关癞痢的俗语顺口溜，50后都曾经溜在嘴巴上的，堪称经典了。有一首是用苏北"杨柳青"小调哼出来的：六月里的癞痢真苦恼，苍蝇叮来蚊子咬，杨啊杨柳青啊。人民政府发号召，消灭四害最重要。哎哎哟，癞痢听了哈哈笑。还有一首则是充满了孩童的想象力：癞痢背洋枪，洋枪打老虎，老虎吃蚊子，蚊子叮癞痢。前一首是对着癞痢的嘲弄，后一首是低幼孩童的指尖游戏。俗语是俗的，但是投射出的诸多生活真实信息很有价值：癞痢不少，苍蝇蚊子很多，灭四害已然是社会运动。

六十多年过后，我在细究一个滑稽却又严肃的问题：为什么那一个年代会有群体性的小癫痫出生？为什么会是在1958年？而不是别的年份？

回溯到那个双重的热火朝天年代。双重热之一是自然热。那时候夏天是真热，除了扇子和冷水，没有任何的降温设备，住房条件又是极差，一家五六个人住一间朝北亭子间的比比皆是，夏天耗在家里要中暑的，于是，弄堂和马路升格为每一家人家的公共空间。双重热之二是彼时的人来热，"大跃进"热血沸腾。这自然和人来双重之热，与小癫痫有着一种奇妙的双重关联。

如今的弄堂怀旧都很唯美，尤其是小孩子游戏，尽是童趣和遐想。当年的稚儿，如今两鬓染霜，还热衷在社区活动中老夫聊发少年狂。不过所有的怀旧都过滤掉了当时的窘迫和无奈。夏天弄堂游戏，即便没有太阳直射，也是高温烘焙着的，小孩子脸上汗淌淌滴，手一揩，便是污嘴污脸，因为一双手是墨墨黑的。弄堂游戏，童趣固然滋生，暑热、龌龊，还有点野蛮，也附着其中。

孩子的父母亲，尤其是母亲，为何不管？父亲上班去了，母亲？响应政府号召，不做家庭妇女，要做劳动妇女，参加了社会工作，没空管孩子了。我们所知道的里弄生产组，应运而生在这个时候。

确切地说，始于1958年。

里弄托儿所，里弄食堂，还有各种服务站，修配站，都是劳动妇女的新空间。到1959年年底，上海各个街道一共开办了近3.5万个里弄生产组，有85万多家庭妇女升华为劳动妇女，成为里弄生产组的员工。当时上海总人口大约是750.8万，85万已婚妇女参加社会工作，是一个很高的比例了。

回想起来，当时的社会形态颇有喜感。男人女人一起响应着两个号召，一是加紧生产，人人都做劳动者；一是加紧生育，生得越多越好，生十个孩子的女人是光荣妈妈。两个号召带来的家务和监管者缺失，由社会顶替。孩子生下来，五十六天就可以送进哺乳室；家里没人烧饭了,有里弄食堂供应;衣服脏了破了,有服务站缝补浆洗。大社会服务取代小家庭家务。谁在托儿所食堂服务站里工作?就是原来在家里烧饭带孩子做衣裳的家庭妇女。做原来的事,不做原来的人。有点像转基因,总是会有些意想不到的事情发生,不做原来的人,也就做不好原来的事了。

孩子幼儿园小学放学了,他们的父母亲还未下班,那就是孩子们无管无教无拘无束的美好时光了。弄堂是天然的游戏场,尤其是酷暑,具备了一切游戏的最佳条件,追逐、躲藏、碰撞、攀爬、匍匐……只是待到母亲下班回来,叫停了玩在兴头上的孩子。回到家里,洗澡洗下来一盆污水,背上一排痱子,头上长了点点热疖。痱子粉扑在背上白乎乎的。对付热疖,是用紫药水。

小时候知道有两种外用药水,红药水和紫药水。红药水用在划破的伤口上,促进愈合;紫药水则是消炎杀菌。热疖会化脓,紫药水效果很好。热疖常常有好几个,每一个热疖都要涂紫药水。小孩子头发密,紫药水涂不到;先把热疖处的头发剪去。也有热疖长得太多,就把头发剃光的。

即使生活艰难窘迫,上海人家里通常是会有医药箱的,退热的安乃近,消炎的四环素,外用的红药水紫药水,医药箱里都备着。手划破了,自己涂点红药水;用到紫药水,显得有点严重,可能还要挑破脓肿溃疡,须大人亲自"主刀",要是现在,算得上是门诊外科手术了。

很多年之后,我去翻阅了紫药水的常识:紫药水,学名甲紫,属于三苯甲烷类染料消毒剂;再看下去,大惊失色了——美国毒理学家通过对大鼠、小鼠进行的动物试验发现,甲紫是一种剂量相关的致癌物质,可导致啮齿类动物出现肝癌、某种腺瘤和肉瘤……

但愿当年的紫药水不会有潜伏那么长年限的致癌副作用,就像热疖不会变成癫痫一样。但是没有办法,当年凡是热疖剪掉一小块头发、涂了紫药水的，都叫作癞痢。

癞痢这个年代诨号由此而来。弄堂里一帮小赤佬冲来冲去，头顶上大多有一块块紫色凹坑。用毕加索的夸张变形手法来描绘，那就是头顶上的紫丁香了。

将热疖当作癞痢，不是1958年的新发明。传说朱元璋在南京当上了皇帝时，他那帮子不讲卫生的凤阳老乡将士，将癞痢疮带到了南京城。老百姓因此头上生癞痢疮，十多岁孩子尤甚。其实，就是热疖。明代还没有紫药水，据说是靠吃西瓜清热吃好的。

头发剪掉一块块，涂了紫药水，有点破相。幸好那个年代好看难看不重要，战高温的弄堂游戏才是重要。头上涂了一笃一笃紫药水，照样斗鸡，捉迷藏，像敌后武工队一样神出鬼没。反正癞痢头不是一个两个，被人家骂也骂人家。有一个顺口溜将癞痢头笑说到了极致：隔壁人家屋里头，交交关关小鬼头：阿大阿二阿三头，一直排到阿八头。名字叫得老噱头，阿大小头头、阿二烂泥头、阿三洋葱头、阿四长豇豆、阿五五香豆、阿六咸菜头、阿七芋艿头、最好白相阿八头、嚿只橡皮奶奶头。太阳照勒床横头，一家人家捂被头，统统勒生热疖头，人人才剃光榔头！

市井社会的时代信息，在这一段俗语顺口溜中，淋漓尽致，应有尽有。

从1958年开始走向社会的85万妇女，热火朝天一阵子后，有一些重新回归家庭，她们既承受不了每天上下班的节奏，更看不下去自己孩子的邋里邋遢。她们回到家里，孩子反而不自由了，做不了野蛮小鬼了。当然享福的也是孩子，痱子没有了，热疖也少了。

还有些女人坚持了职业工作。虽然大多是计件或是计日，比如结一件绒线衫几钿，洗一天衣服被单几角，毕竟一个月有二三十元，贴补家用已是可观。生儿育女再苦也有出头的日子。在上海，勤俭持家的贤妻良母总是有办法的，自己上班，孩子没比人家邋遢，功课还比人家好。这一代里弄生产组婆婆妈妈，苦了一辈子，好在结局不错，七八十年代生产组被政府收编了，有了正式工资，有了医保。在社会上出现下岗的时候，她们脚翘翘地拿养老金了——那时候叫作退休工资。

有个少年，曾经热疖夏复一夏，便有了癞痢的绰号。终于长大，不再混迹弄堂，头顶上也没有留下疤痕。及至六十多岁了，弄堂里的人还是这么亲昵地叫他：癞痢。生于1958年。

当年都是穷欢乐，不管吃饱未吃饱，童真有爱心无邪，稚语童心真不少，补丁旧衣露棉絮，转眼已过几十年，童年只在梦中绕，索性写首打油诗。

> 六十年前，我们是把花露水当作香水的，也可以这么说，"明星"恰是中国的香水1号。

花花世界，夜来香花露水

那一年，玛丽莲·梦露说：内衣，我只穿香奈儿五号。1980年代初我们得以看到这条花絮信息，梦露香消玉殒已经二十年了，我们刚刚知道皮尔卡丹和金利来这样的"世界名牌"，尚不知道"香奈儿五号"为何物，还真以为是这个品牌内衣的五号尺码。其实那时候我们连"内衣"的概念都没健全。

假如在梦露赞誉香奈儿时，我们在第一时间便已得知，并且也知道香奈儿五号不是内衣是香水，也许，我们会很自信很豪迈地向这位好莱坞性感明星推荐，请用我们中国香水：花露水。年纪稍长的女人还会说，明星花露水，我用过，香味道好闻得来。旋即有更年长的纠正说，就是香水，叫作明星花露香水。

不要以为这是滑稽的夸张和硬装的幽默。六十年前，我们是把花露水当作香水的，也可以这么说，"明星"恰是中国的香水1号。

六十年前的风尚与现在大不相同。女人出门不见得一定有包，却是绢头随身,从小姑娘到老太太,一概如此。尤其是夏日,绢头总是捏在手里,可以擦汗,可以呵呵一笑时用绢头掩饰,这是笑不露齿的规矩,也可以是在小手摆弄中传递心情。还可以扎于头发、别在衣襟当作饰物。

绢头就是手绢或是手帕,自古以来是女人的道具,上海女人承袭下来,大概也是上海女人的一个标志饰品,不过习惯叫作绢头。那时候女人会有十几条绢头"翻行头"。当然手执绢头出门,肯定不会忘记绢头上洒几滴花露水,女人在潜意识里,是把花露水当作香水来用的,确实是有香味道,而且也很好闻,至少符合那时候的嗅觉审美。

在每家人家家里,花露水是夏天必备,因为它止痒亦清凉醒脑。老老少少男男女女都是钟情花露水的。

我见过"明星花露水",只是一个空瓶,是"旧社会"遗留下来的。花露水用完了,瓶舍不得扔,细长暗绿色,瓶身还刻着凹凸的图案,有这么几个字,"明星花露香水"。果然是香水。不过我们小时候就叫它花露水的,或许是到了"新社会",香水属于资产阶级的香花毒草,需要自觉抵制,并且,"明星"这个老牌已经绝迹,家家户户普遍用的是"上海牌花露水"。

瓶子上"香水"字样是绝迹了,但是在上海人心里,还是将花露水当作香水一样的对待,那时候绝无进口的香水化妆品供应,香水梦,唯有寄托花露水。花露水是可以放在梳妆台上的。

七八十年代,也许是"隐形香水"花露水的登峰造极时代。除了家家人家的暑天必备之外,花露水也是青年女子的心爱之物。上下班挤公交车用了花露水,可以淡化自身的"汗臭",也可以抵抗车厢内的"肉格气"。晚上去和男朋友约会,一定也是洒了花露水才会出门;外滩情人墙,一对对男女,吐露的是情话,弥散的是花露水的香气。有时候,青年女子还会随身带小瓶装花露水,公园里坐着或是站着,必有蚊子叮咬。两人已然熟络,不必过于矜持,女人拿出花露水涂抹一下,随手递给了男朋友。用风油精已经是很后来的事情了。那时候谈恋爱就是这么艰苦。花露水的妙用，花露水的香水化，体现了上海人的穷则思变。

花露水还赋有社会性的功德。高考原来是在7月份的，天已经大热，为防止考生中暑，考场内是必备花露水喷雾的，那一个喷雾器，药房里有卖，平常是用来喷敌敌畏杀虫的，考场里有监考老师在考生头顶上方喷洒，清凉的香气弥散开来。有一年什么地方特大水灾，花露水生产商捐助了十万瓶花露水，倒也是实在之举。

荡得了马路，睡得了弄堂；洒得到灾区，进得了考场——这就是当年花露水的江湖地位。

当年的万金油同样止痒，甚而还有杀菌之效，但是万金油没有香水的作用。想想看，在社会完全抵制且扼杀香花香水的时候，在上海，有一种夏天用的止痒清凉之液体，会散发出好闻的香味，它散发的何止是香味？隐约着的是香水。而香水恰是一种魅惑的符号，产生的联想，会有关男女，有关社会。由此"花露水"三个字便衍生出了非常有意思的市井文化，并且由一句市井俗语来做开放性的演绎。

"侬花露水老浓的"。它隐含了好几种褒贬不同的意思。比如说某人神通广大，尤其是开后门本事超强，任何紧缺商品总是搞得到，旁人会羡慕他：侬花露水老浓的。也比如，为自己或为小组，要请头头网开一面高抬贵手，别人都碰了壁，只有他可以把头头搞定，旁人会佩服他：侬花露水老浓的。再比如，不管是面对新领导还是老上司，不管是公正的还是小气的，他总是左右逢源，春风得意，旁人，当然那是在背后议论了：伊花露水不要太浓啊！有时候，花露水可以简称为花功——伊花功好。这一转换，也就有了性别专属，花功一般说的总是女人。

曾经看到过一个女人以色谋权的案例，直至案发这个女人还在看守所以色谋逃，还几乎成功。看守所所长见多识广，按理说是不会栽倒在一个女囚的桃色阴谋里的，但实在是女人一个很小又很到位贴切的行为，花倒了看守所所长。在一次提审时，女人很顽固，到了中午

1点多，提审一无所获，所长对女人有点愤恨："你不要拖了好吧，我们都被你拖死了，告诉你，我有低血糖，到现在中饭都没有吃。"看守所所长这句话，恐怕跟所有的嫌犯都说过，是想用自己的疾病感化嫌犯，早点坦白。但是只有这个女人凭着所长这句话，倒过来感化了所长。第二次提审时，女人被带进提审室，走过看守所所长的提审桌边，女人停住脚步，从衣袋里掏出一颗糖给所长。押警眼睛一瞪："干什么！"女人径直对所长说："所长，你有低血糖的，不要为了我的案子饿坏了，饿的时候吃一粒糖，血糖就正常了。"说这话时候的神情，女人居然就不像是在看守所。所长对女人说："糖你拿回去，但是为了这颗糖，我还是要谢谢你的关心。"后来，后来的故事可以省略了，就是女人彻底花倒看守所所长的故事……

这已经不是一般般的花露水了。

花露水并不是只有上海独家生产，为什么上海的花露水会衍生出药用之外的意义？稍一想，也就想明白了，花露水只有在上海，才会发生奇特的"化学反应"。

据说唐代已经有花露水了，只不过名字叫作"蔷薇露"或者"蔷薇水"。在冯贽《云仙杂记·大雅之文》中，有这样的文字："柳宗元得韩愈所寄诗，先以蔷薇露灌手，熏玉蕤香后发读，曰：'大雅之文，正当如是。'南唐时张泌显德五年，昆明国献蔷薇水十五瓶，云得自西域，以洒衣，衣敝而香不灭。"

正儿八经的花露水诞生是1905年。香港的广生行出产了中国最早的花露水"双妹花露水"。"花露"两字也是有文学涵养的，取自宋朝文学家欧阳修《阮郎归·南园春半踏青时》中的句子："花露重，草烟低，人家帘幕垂"。

三年后的1908年，上海中西大药房开发了"明星花露香水"，并且将Logo设计为一个拉着舞衣裙摆款款答礼的女孩，主攻女性市场。随即花露水席卷上海。这也是第一次将"香水"元素融入进了花露水。"明星"和"双妹"，成了花露水市场的双骄。在三四十年代，花露水是不折不扣的奢侈品，出入十里洋场的女人，总会喷上一点花露水，男人出席正式场合必穿西装喷花露水。

这不就是香水的待遇？

有人将中国花露水"对标"欧美大牌化妆品，不免神兜兜了，说兰蔻第一款香水是1935年，比双妹花露水晚了30年；香奈儿创立是在1910年，比双妹也晚了5年。

不过，人家是香水，双妹和明星是花露水，即使冠以"香水"，仍旧不是香水。最大的区别在于，花露水的香味来自工业香精，而不是采自自然。看到过网民的一段议论，说是有人送给她香奈儿五号，随手一喷，喷出来的也就是六神花露水的香味。这算是在赞誉国货？只能说明人家送给这位年轻网民的香奈儿五号是假货，或者说，这个年轻网民的嗅觉启蒙，仅限于中国的花露水。也或者说，是这个年轻网民对香奈儿五号的意淫。

假如不是社会发生了颠覆性的变革，假如不是五六十年代苍蝇蚊子臭虫极其猖獗，需要花露水来止痒清凉，假如不是生育高峰带来对杀菌药物的高度依赖，假如不是香水被定性为资产阶级生活方式，花露水或许也会进化为真正的香水，"闻香识女人"在中国或许也有可能。没有所有的假如，花露水被定格为家庭之必备，很多年中，单位工会发放夏令用品，花露水是一定会有的，也是极受欢迎的。不仅花露水有实用的功效，而且，在上海人的心里，花露水还是潜伏着香水的作用，就像有老人一直舍不得丢掉那个明星花露香水空瓶一样。

花露水也算得上是上海人的一个情结，于是才会衍生出"花露水老浓"的市井影响，以至花露水没有早年的风光了，"花露水"还是很浓。

在远隔四十多年后的校友会上，男女同学之间一顿饭说的话，超过了同学少年时期相互间说过的所有的话。

萝菔散发的"环肥"审美

"萝菔"，看上去或者读出来，都很古雅，像从《诗经》《汉乐府》里走出来的，容易让人想到了心思纯净、秀美轻灵的小女子罗敷。

其实萝菔很寻常，且一直出没于饭桌。萝菔还有两个名字，一是"莱菔"，还是有点美感的；另一个名字，谁都知晓，一说出来，什么诗意都没有了——萝卜。同一个物件，不同的名字给人完全不同的感觉。

我还是喜欢"萝卜"这个名字。叫习惯了，若是改口"萝菔"，像是在叫一个小姑娘，或者被误以为是在点一份"天妇罗"。萝卜虽然毫无"诗和远方"的联想，但是萝卜是市井生活的重要元素，是家里吃饭台子上的常客，而且在几十年前的弄堂中、学校里，萝卜还是一个被拟人化的旦角。萝卜当年产生的联想，裹挟着青春期的浪漫和愤懑，远远胜过萝菔的可人。况且，那时候，我们只知道萝卜，因为少学无知，从来不知道萝卜也叫作萝菔、莱菔。

我想起了这么一句："噶许多萝卜轧了一块肉"。

要用上海话来读，才能读得出其中的趣味。若是用普通话来注释，那就是"许多萝卜里挤了一块肉"——萝卜和肉都味同嚼蜡了。尤其是，"轧"是"轧闹猛"，是惬意，和"拥挤"的"挤"之无奈，是两种完全不同的状态和心情。

应该是在童年和少年过渡时期，小学三四年级的时候。下课正在和同学游戏，有一群男同学不远不近地起哄："噶许多萝卜轧了一块肉，酱油蘸蘸红烧肉！"一下子醒悟了，自己是在和五六个女同学游戏。再小一点的男孩女孩不分性别，春游秋游还要男生女生手牵手的。在童年过渡到少年之际，性意识萌生了。很多时候是有意识地和同性别同学游戏说话，但是不自觉地，又陷入了和异性同学的游戏之中。在忘我游戏中，这一声起哄，总是像炸弹一样很精准地飞过来："噶许多萝卜轧了一块肉，酱油蘸蘸红烧肉！"

被起哄的通常是男同学，脸一下子红得像猪肝。那时候的男孩子抗击打能力很弱，脸皮薄，这一块"肉"，红着脸飞快从"萝卜"堆里撤退了。撤出来后，还是会被男同学继续嘲笑一会的。不过很快，下一节课间，起哄别人的男同学，自己也深陷于噶许多"萝卜"之中，受到了别的同学起哄。起哄者中，就有先前被别人起哄的那个男生。男生女生间离感就此开始。在很长的学校青春期，男女同学之间再也不说话了。后来在远隔四十多年后的校友会上，男女同学之间一顿饭说的话，超过了少年时期相互间说过的所有的话。

"噶许多萝卜轧了一块肉，酱油蘸蘸红烧肉！"这是一和众的关系，性别意识懵懂的少年用来互相起哄，很鲜活。我们是否还可以联想得更丰富些？和性意识无关也有关。

萝卜和肉，是五六十年代上海每家人家的饭桌民生。萝卜便宜且容易保存，差不多一年四季都可以上饭桌的，肉恰恰是因为贵因为凭票供应而成为饭桌上的"可期不可遇"。肉和萝卜，像是地主和农民，虽然贫富悬殊,却在同一个村,出没的是同一个村口,常常也就走到了一起。

萝卜肉片,萝卜肉汤,萝卜小排汤,算是最经典的了,家里有,单位食堂也会有,而且几乎是同样的格局——几乎只见萝卜不见肉。萝卜和肉切成片炒在一起,上了饭桌后,带点酱色的萝卜和肉浑然一片,难分彼此,这大约是淋了点酱油的缘故吧。我们家规矩重,一筷下去,不可以翻不可以淘,夹到什么就是什么。幸好那个年代的少年视力普遍好,总是能够看得明明白白,看准了肉片,便是远距离俯冲攻击,得心应手啊。后来工作了,在单位食堂,买了盆萝卜炒肉片,一直吃到盆底朝天,忍不住要骂的,全部是萝卜,肉片寻也寻不到。

若是萝卜肉汤,已是大荤了,一年也不过吃几次的。萝卜和肋条肉熟了都是白色,肉浮在汤面,萝卜沉了下去。不需要视力了,不过也失去了"老鹰抓小鸡"的资格了——肉汤里的肉,就是这么几块,是配给供应的,一人顶多两块了吧,而且还不是现在饭店里的红烧肉这般大,小多了。

"噶许多萝卜轧了一块肉"的出典就在于此。至于后半句"酱油蘸蘸红烧肉",或许可以归功于残酷的现实主义和革命的浪漫主义相结合。红烧肉要比萝卜肉汤更加稀缺,吃不到红烧肉,那么,肉汤里的萝卜,蘸了酱油,不就是可以比作红烧肉了么?

在饥饿年代,萝卜就是这样默默无闻地陪衬着。即便是陪衬,最后也总是被扫荡一空。在小孩子抱怨肉太少的时候,做母亲的通常会给孩子说萝卜的好。萝卜通气,助消化。

萝卜的药用价值,也是知道些了。李时珍是采药的,也把萝卜采进了药篓。他在《本草纲目》中一口气写下萝卜之九可:"可生可熟,可菹可酱,可豉可醋,可糖可腊可饭,乃蔬中之最有益者。"是在说萝卜的药性,却也听出了萝卜的美食价值。

直到当下的美食时代，萝卜在餐桌上一点不失分，还很有身价。萝卜丝酥饼，海蜇萝卜丝……还有红焖萝卜，切成一大块一大块，用肉骨头焖几个钟头。上了餐桌，食客眼睛一亮，好的就是这一口——只见萝卜不见肉。年龄稍大的食客，说着萝卜的好吃，却是将当年的萝卜肉片忘到九霄云外了。不禁让人想起宋人舒岳祥的一首五律：卖菜深村妇，休嗟所获微。芜菁胜乳滑，莱菔似羔肥。橐里腰钱去，街头买肉归。种蔬胜种稻，得米不忧饥。诗中的"芜菁"是大头菜，似羔肥的便是萝卜了。

上百年来，一定是萝卜吃得太多，萝卜便也成了文化的一个梗。莫言写《透明的红萝卜》，应该也是有来自萝卜的灵感；以往冬天很多人都会生冻疮，手肿得像胡萝卜，是萝卜；拜师学艺三年，叫作"三年萝卜头饭"，还是萝卜；"文革"时期，揪出了一个现行反革命，又连带抓了相关的人，叫作"拔出萝卜带出泥"，也是萝卜。至于空心萝卜，因为没有了水分不好吃，后来成了过气明星的代名词。

为什么都拿萝卜说事？似乎"噶许多萝卜轧了一块肉"，也可以是"噶许多土豆轧了一块肉"，"噶许多茄子轧了一块肉"……或许，土豆的身价略高于萝卜，是和牛肉调情的，茄子则是细长而黑擦擦，放一点肉末足矣。

还应该有一个审美的取向，我以为这才是最重要的。萝卜，尤其是长萝卜，白白胖胖，形容女孩子，就有了姣好的联想，绝非土豆茄子可比。在面黄肌瘦的年代，中国女性的审美承袭着杨贵妃的"环肥"理念，丰腴饱满水淋鲜嫩白皙……萝卜堪称是中国式女性美的梦想代言，而"噶许多萝卜"的指向，恰是女孩子。除了不要胖，做一个萝蔓也不错。从萝卜到萝蔓，角色回归，地位也回归了。

至于那一块肉，当然是男学生。扎堆女人中的男人，会被旁人说成是"贾宝玉"，在上海话里，"玉"和"肉"同音，玉也就是肉了。

从工人新村去铁板新村,好像是穿条横马路、两个新村的距离。有点玄妙——这两个新村的承载使命分别是,生与死。

谁点了"铁板"

铁板什么什么,自从有了铁板烧的美食做法,铁板后面有了越来越多的后缀。

最早引进上海的铁板烧是最原始的铁板烧。食客围坐一张不锈钢大桌,厨师站在不锈钢大桌里侧,在不锈钢大桌上表演铁板烧的厨艺,钢板下有炉火加热,一番炒作后,匀分给各位食客,不用盘,也不用公筷。

据说这是在十五六世纪西班牙人发明的。当时西班牙航运发达,经常扬帆遨游殖民于世界各地,船员成日与大海为伍,海上生活十分枯燥乏味,只好终日以钓鱼取乐,再将鱼炙烤得皮香肉熟,这种烹调法,后来再由西班牙人传到美洲大陆的墨西哥和美国等地,直到20世纪初由一位日裔美国人将这种铁板烧熟食物的烹调技术引进日本加以改良成为今日名噪一时的日式铁板烧。不锈钢的大桌缩小为铸铁的小盘,垫一块木板;上得桌来,还滋啦滋啦爆油。

铁板牛肉，铁板鱿鱼，铁板茄子……

有一次我和青年人说起，铁板烧之类刚刚上餐桌时，有老人共餐是很忌讳点"铁板"的。青年人惊愕，为什么？老人怕火气重吗？

我问，听说过铁板新村吗？

年轻人知道我肚皮里装了蛮多老上海，便虚心问起来，是听说过很久以前，上海好像还有一个新村，叫作铁板新村，是在哪里？是不是和上钢新村一样的工人新村，是钢铁厂的福利？为什么会叫铁板新村？和"铁板烧"有什么关系？

我以为年轻人是在开玩笑，但他一脸谦恭，分明是好学者。

我说，上海的铁板新村，和钢铁意志没有关系，和"铁板烧"真是有异曲同工之关联。铁板新村不仅是有一说，而且有具体地址，上海有几个，最著名的铁板新村有两个，一个位于漕溪路，一个是在西宝兴路，如今还在。

一听到这两个地址，年轻人便明白了是什么地方。

年轻人问，为什么会将火葬称作铁板新村。

我呷口茶，舒口气，开说这个缺乏美感的话题，它也是上海的市井人文历史。虽然其时我尚小，但是家里遇上了白事，也就知道些。

1960年代初期，我阿娘（奶奶）和阿爷相隔几年离世。阿娘还享受了土葬，阿爷过世，只有火葬了，幸好还是合葬在公墓。阿娘和阿爷像是乘了不同的交通工具，到了同一个目的地。我还记得，阿娘入葬时，是一口长长的棺材，阿爷入葬时是一方小小的盒子，仪式感也差了很多。

在土葬向火葬过渡的时候，老人非常惧怕火葬。没有了棺木，不是安眠在木质的棺材，而是塞进一个冰冷无情的铁盒，并且是一烧了之，烧得只剩下一小袋骨灰，于中国的传统文化和习俗，是非常大的荡涤。报纸电台对火葬的新风俗宣传有多么强烈，便可推算老人们对火葬的恐惧有多么深沉。

这种心理恐惧，到了不敢直面"火葬"两个字的程度，"铁板新村"是一个委婉的代名词。要去困铁板新村，说起来比要去火葬似乎轻松一点。

只是，为什么是铁板新村？而不是铁盒子，铁板烧？甚至是炼钢炉？

从历史的时间表上推论，1960年代开始大力推行火葬，也正是上海工人新村已然成为劳动人民最普及的住宅之时。在1949—1978年间，上海新增1 756万平方米住房面积，有1 139万平方米是工人新村，1958年，工人新村的建造达到了最高峰：一年间造了40个新村，面积达到760万平方米。既是大跃进的速度，也符合当时出生率疯狂上升的需要。

这一时期，也恰是1920年代的这一代移民进入暮年年龄（六七十岁），弄堂里常有老人去世。

工人新村和火葬这两大新生事物，本无必然的关联，却是产生了电磁场的呼应，不谋而合重叠在生死之间。它们神似也形似。

工人新村的楼体造型，是苏联老大哥的范本，毫无建筑美学可言，薄薄扁扁，被称作火柴盒。这个盒子的定义，便是和火葬场的焚化铁炉形神暗合了。

上海这个城市很大，但是上海市民的心很小，面对着死亡，上海市民的格局也很小。当年，有位国家领导人，深感自己身体羸弱，来日无多，对外国友人说了一句要去见马克思了。后来有点层面的老干部也会这么说，颇有革命者的胸怀和气魄。北方老百姓也常常如此自我解嘲。

上海老人觉得自己没有这么了不起，见马克思？是要有级别的领导干部才有资格这么说的。上海老人托牢自己下巴，怯声怯气说一句，"要去铁板新村"了。这么说的老人，可能住在洋房里，可能住在石库门里，也可能住在工人新村。从工人新村去铁板新村，好像是穿条横马路、两个新村的距离。有点玄妙——这两个新村的承载使命分别是，生与死。

假作真时真亦假，邨作村是邨亦村。

虽然从心里惧怕并且抵触"铁板新村"，但是，上海人一是心小，服从社会已成习惯，再者，住在上海市区，铁板新村是生后唯一的去路。好在公墓还在，入土为安还在，算是聊以自慰了。

我阿爷去世后，便是按照这么一种社会"标配"下葬的。双穴墓地里，一侧旧坟是棺材里的阿娘，另一侧新墓是骨灰盒里的阿爷。当时以为是很远的地方，人民广场边上46路公交车，乘到底汶水路，有两个很著名的公墓地，广肇山庄和联义山庄，我阿爷和阿娘安葬在联义山庄。

我阿爷去世已经是1965年了。一年后，社会剧烈变化，公墓属于封资修而被军管。扫墓祭拜一律禁止入内。我父亲隔两三天会骑了自行车去公墓地，隔着军人的岗哨，远远张望墓地：身为儿子很无策，去世的父母则无奈，入土而不安。终于有一天，我父亲看到了军人的岗哨，却再也看不到自己父母的坟地。广肇山庄和联义山庄两大公墓地被夷为平地。这一个所在，后来又造起了一大片新公房，沿袭着新村的名字格局。我父亲一开始还说得清楚地理位置，再后来只知道大致方位，什么也辨认不出了。

逢雨纷纷的清明时节，有时候我也不免想起祖先，想及"我从哪里来"的寻根命题。只是早就没有了牧童，也没有了杏花村。

回到工人新村话题。在繁体字时代，要写作工人新邨，曹杨新村最早的铭牌是曹杨新邨。如今的许多老洋房老公寓，还沿用着邨，比如陕南邨，愚谷邨。但是所有的工人新村自简体字后，是绝无叫"邨"的。

从旧邨到新村，从繁体字到简体字，从土葬到火葬，从铁板新村到铁板烧，间杂了天翻地覆的社会变化。如今工人新村的很大部分也已经推倒重来，不再叫作新村，而是叫作什么苑，什么庭，什么湾……也再也没有人将火葬别称铁板新村了，不再惧怕火葬，因为还有海葬天葬。并且新村也算不上时尚的豪宅了。

借用《红楼梦》有关真假名句，并且大胆改了下半句：假作真时真亦假，邨作村是邨亦村。

如今的餐桌上，铁板什么什么的，喜欢就点。哪怕有一位期颐（百岁）老人上座，也不会有任何的不开心，因为老人早就淡忘了铁板新村那段历史了。再说，火葬就是现在的习俗。

邨还在，村也还在。顺便说一句，铁板新村，从来没有写作"铁板新邨"的。因为它是在简化字时代移风易俗诞生的新生事物，它和工人新村共同年代，阴阳而生。

有为信仰食素，那是艰苦自律的。与之相比，我们曾经为生活吃素，那是被动无奈的。

你喜欢什么素

胡萝卜素，精华素，营养素，四环素……素质，素鸡，素面，素媛……你喜欢什么素？

某次，是在南京西路功德林用餐，确实领略到了极品素食的气派。完全不必理会米其林的标准，那天晚上素食荤素莫辨之惊诧，摆盘刀工烹饪之考究，咸甜浓淡之恰好，还有大厨讲解之细腻，决不会输给最高级别的法国大餐。

也就是沉溺在素食享受之时，我瞬间走神，想到了一句曾经非常经典的俗语：我不是吃素的。当然我没有说出来，未免太不合时宜了，而且，很多人都听不懂了。"我不是吃素的"一说出口，满座宾朋还以为我是一个食肉类的乡俗之人。只是在我心里，"我不是吃素的"，越来越涌了上来，几乎演化为一小碟酱油一小碟醋，或是一小碟白砂糖，我从餐桌上夹来的每一道素食，都要在"我不是吃素"的小碟里蘸一蘸。

如果说，素食既传统亦新潮，那么"我不是吃素的"，则是代表了一个时代的生活状态。

几十年前，人与人之间的空间极其小，厨房公用，卫生间公用；物资供应极其匮乏，什么都要凭票，什么都要排队。于是你争我夺，五斤哼六斤，吵架，不依不饶，布满在每一条弄堂，每一幢厨卫公用的楼房，每一个人来人往的地方。这就是市井里遮掩不了的气息，没有了这些气息，市井就变成了影视基地，一看就是假的。

"我不是吃素的"，像是生煤球炉时升腾的烟熏气。这样的桥段不知道发生过多少次。冬日菜场，买青菜黄芽菜也要排队，有人插队，排队的人不依；口水战马上升级，棉袄袖子也撩起来了，隔着劝架的人准备挥拳头：关照侬，我不是吃素的。对方反唇相讥：侬以为我是吃素的！突然有卖菜的发话了：两个人讲是讲不吃素，不过就是为了吃点素菜吵的，有本事就要讲：我不是吃荤的！要么到功德林去讲：我不是吃素的！

在动辄扬言"我不是吃素"的年代，素，毫无疑问是餐桌上的主打，是舌尖上无法说审美疲劳的食材。那个年代，包括鸡鸭鱼肉在内所有荤腥，几乎都是凭票的。缺少荤腥，直接导致的是全民性营养不良。比如余华的《许三观卖血记》中，便有这样的描写：许三观"先是经历自然灾害，一家人饿得面黄肌瘦、三个孩子全部营养不良，他去卖血换好吃的来，度过了所谓的饥荒年。"

营养不良像如今的营养过剩一样，蔓延在上海的每一个家庭。只不过营养过剩可以管住嘴，营养不良却是苦了人。恰恰彼时又是与人奋斗其乐无穷的"好斗"时代，需要力气大，需要喉咙响，需要有一种心理乃至精神的力量，那就是潜意识里树立起来的"荤崇拜"。一日三餐"素"面朝天，却是喊出了"我不是吃素的"口号，那意思是说，我是吃荤的，但是这么直白说出来没人相信，于是婉转一下，"我不是吃素的"。

声称自己不是吃素的，倒就是在吃素的；犹如声称"我不怕你的"，其实就是心里怕人家在意人家，才会如此高亢的。用现在的话来说，是缺乏文化自信。真正不怕人家的人，是不会言必"我不怕你"的；真正大鱼大肉的人，也不会高喊"我不是吃素的"。

真正吃素的人，才是需要说一声"我是吃素的"。

吃素不是一件容易的事。那一句"逃得了初一，逃不过十五"，说的是初一忘记吃素了，算是逃过了，十五可以忘记吗？事实上，初一十五吃素的人大多严谨，初一忘记吃素了，初二还会补上的。这就是虔诚之谓。世界上所有的虔诚都是艰苦的，自律的。作为杂食类动物，人在生理上是需要荤素搭配的，吃素是信念，不是嗜好。即使是吃素的人，也还是以素菜荤化的方式抵制着荤菜，有那么多的素菜都是带了"荤"名的：素鸡素鸭素肠素火腿，还有虾仁蟹粉猪肝腰花……是以假乱真的艺术，也是保留了很多人在生理上和口味上的对荤的满足。

我见到过、并且现场体验过真正的食素。那是完全彻底的素，是没有任何艺术成分的素。有一年，我去广东丹霞山，半山上有锦石岩寺，虽然是三十多年前重建，但是锦石岩寺的历史可以追溯到五代，它是广东著名的佛教女众道场，也就是尼姑庵了。

拜谒之余，我们便是和众尼姑共进午餐。

那是充满了仪式感的素餐。斋饭时不可以讲话，不可以接听手机，不可以剩菜剩饭；吃好后，用温开水溚碗，并且喝尽洗碗水，碗也就此洗净。

自己盛了饭，四方围坐。便有一年轻尼姑，像台湾明星桂纶镁，不过没有过多联想，凡俗两个世界，不可相提并论。年轻尼姑端了一大盆青菜，在每人面前停留示意要否。大家都要了。须臾，尼姑又端来一盆，是咸萝卜干，又示意，我要了。再稍后，尼姑端来一盆，是霉乳腐；我已经没有了食欲。这是众尼姑日复一日的素食。也是来此做道场之人的餐食格式化菜谱，"茹素数日，以净其身，清其心。"

这是为信仰食素。与之相比，我们曾经为生活吃素。

为生活吃素是被动的，不过，被动的吃素也包含了若隐若现的信仰，那便是，总有一天，我们可以扬眉吐气地高呼：我不是吃素的。为了有一天不吃素，我们也好好吃素。

这不是口号，是上海人过日子的必须，也是展现了上海人过日子的艺术。每年的春夏之交，是蔬菜的旺市，也常常是蔬菜供应"过剩危机"的一小段美好时光。菜苋只要2分1斤，甚至1角好买7斤，实在是便宜。贤妻良母不会放过这一个短暂的机遇，乘天气好，买来菜苋晒菜干了。

菜苋洗净，氽毕，在晾衣竹竿上，一棵一棵有间距地岔开——菜苋是分叉的；晒得七八成干，收下剪得寸把长，第二天铺开来晒，菜苋干就做好了。待到暑天来临，吃夜晚，饼干箱里拿出一把菜苋干，倒点酱油，滴几滴麻油，开水冲下去，那就是汤了。碧绿生青，还有菜苋的清香。

除了菜苋，还有毛笋、毛豆、刀豆，都可以如法炮制。若是初冬，青菜和萝卜也会卖不掉，就做成了咸菜和酱萝卜。

吃素时代自有"素养"的功夫。

如今，再也没有人扬言"我不是吃素的"了，常听到素食升华为主义，也更是有以素食为时尚新潮的。如果有人轻轻而语，我吃素。旁人不至于肃然起敬，总还是有别样的感觉。

年代更替永远是风水轮换。同样是吃青菜萝卜，贫穷时代的无奈反转为美食时代的格局。

吃素年代造成的营养不良，早就被吃荤年代的营养过剩取代。甚至有人会怀念吃素年代的清净。不过，吃素年代尚有一种与吃素既无关又脱不了干系的事情，可谓是吃素年代的后遗症，至今还未治愈——珐琅质被破坏了的"四环素牙"，是吃"素"吃出来的，是服用"四环素"和"土霉素"的后遗症。此素非彼素，但是吃素时代，普遍营养不良衍生了免疫力下降，感冒要用"素"退烧。也就是在吃"素"的两三天，有了营养补贴，吃到了肉松。于是心里就很美：我不是吃素的。

面包加一个"洋",是洋面包。面包是西方舶来品,也可比之于早年的留学生,"到底是吃过洋面包的",这么一说,人家也就无话可说了。

苏州河边的色拉嵌面包

没几个人想得起来苏州河曾经很臭很臭,完全不是现在还可以去亲水的。也恰恰是在苏州河很臭很臭的时候,它的上空,弥散不去的是奶香——上海人极其憧憬奶油以及一切和奶油关联的食和物。无奶油不上海,有歧义,且不像是褒奖,却也有点贴合。

我说的苏州河是一个比喻,比之于苏州河很臭年代的上海。那时候的上海市容,还很完整地保留着旧日的体面,市民也多有习惯成自然的遗风,不过每天过的日子之清苦之不堪,和贫瘠地区也相差不多。他们肠胃的渴望,是同样的粗放型,有吃就好,但是其间也保留了一丝丝"十里洋场"的况味,又和其他地方不一样了。

比如这么一句膜拜式的俗语:色拉嵌面包,奶油鸡蛋糕。

市井俗语总是非常的音韵有致,朗朗上口,尤其是用上海话来读,"嵌"读作"开",是吴方言的专属发音,真好像有了奶香了。

或许,会有人奇怪,色拉和奶油蛋糕,曾经很高贵,面包略显平常，普通的食品店都有，何以与色拉、奶油蛋糕平起平坐？

面包作为食品是平常，但是它在中国的历史地位很不平常，而且还体现了"上海制造"之悠久和风气之先。若没有面包，色拉无处可嵌，奶油蛋糕少了底坯。对于中国人来说，面包还有一个隐形的意义，加一个"洋"，是洋面包。"洋面包"不仅是说，面包是西方舶来品，也可比之于早年的留学生，"到底是吃过洋面包的"，这么一说，人家也就无话可说了。"洋面包"包括了某个人的学识、眼界、格局、修养、风度……这种历史地位，决定了只有面包领衔，色拉和奶油蛋糕才有价值。

所以要从面包说起。不，是要从上海的面包说起。

面包是洋的，这是常识，但是从何时洋起？有何依据？以前我也不怎么关心，只关心什么面包好，什么面包贵。

某天，朋友在微信里发照片给我，请我解答。乍一看，是几枚铜板，细看，竟然是买面包的代用币。有两款，一款是一个面包的，另一款是半个面包的。两款代用币皆有正反两面，一面英文，一面中文；英文一面，有"shanghai"，中文一面，则有"福利"两字。

面包代用币需要铜板来等值，足见面包的价值了。面包可以半个起售，也说明了面包价格不菲。

这两枚铜板，远在于我的视线之外。

我去查了资料，很可惜，仅仅是《上海地方志》中有寥寥一句："清咸丰五年（1855年），英人爱德华·霍尔与安德烈·霍尔茨合伙开设第一家面包工场。"

我还看到了一个不知名网友的有关记录：这家面包房开在了现在的南京东路。店名就是代用币上的"福利"。福利不是社会福利或者慈善，大约是HALL和HOLTZ两个合伙人的中文译名，当然也是取了一个吉祥的名字。

1855年，上海开埠仅仅十年有余。有了租界，便有了洋人，也便有了洋人的早餐方式。面包黄油，在上海已经有了强烈的需要。近些年，中国人去国外旅游多了，也就知晓，西方国家的早餐，皆是面包作为主旋律的。

在福利面包房开业130后，1985年，中国第一家中法合资的面包房开出来了，它是静安面包房。又一年以后的1986年，为迎接英国女王伊丽莎白二世访问上海，中英合资的红宝石也开张了。从英商的福利，到中法合资的静安、中英合资的红宝石……且用一个省略号一省而过了。

就是这么几个来回，上海人对面包自然最有话语权了。

不过，上海人自己明白，"色拉嵌面包，奶油鸡蛋糕"，可以很顺口地唱出来，绝非是可以很顺口地吃得到，更多只是停留在嘴巴上的憧憬。

那时候许多人知道的色拉，是听人家说的西餐馆里的色拉，而不是自己吃到过的色拉。上海西餐馆不少，淮海路就有六七家之多，那是有钱人吃大餐的地方，和普通人家没什么关系。只是在寻常日子便会走过路过的西餐馆里，在吃过西餐的人绘声绘色之中，色拉便美好起来，它是奶白酱状的，有土豆，有红肠，有肉丁，有豌豆，更高级的还有鸡丝。想一想"奶白"，已经满是诱惑了，因为它和牛奶或者奶油有直接的关系。

在没有怎么见识过奶油的年代里，白色酱状的食品，很容易被当作奶油的，色拉被理解为有奶油的成分，也合情合理。连城隍庙的五香豆都是冠以"奶油五香豆"的，它还只是洒了一点点白色的糖霜。还有奶油瓜子奶油话梅，其实只不过是加了些许食用香精而已。

奶油是西方文化的元素。上海开埠以后，随着西风东渐，它也就代表了洋气。有没有奶油，是一个格局。

色拉嵌面包，不就是三明治？对不起，那个年代只有"三夹板"，"三夹板"是寓意被夹在当中左右为难的贬义，完全不具有三明治的美好，但是三明治的做法，不经意地从西式便餐，幻化为上海人的向往。

食品店里的面包，是有点品种的，比如枕头面包，罗宋面包，甜面包，酥蛋面包。对了，咸的枕头面包包装纸上，有"白脱面包"字样，考究点，还会标注英语butter。不管是什么面包，都不会嵌色拉的。色拉嵌面包，仅仅是贫困年代上海人的"上海梦"。凡是梦，都是与生活有距离的。就像苏联电影《列宁在十月》里，瓦西里相信"面包会有的，牛奶也会有的"，其实是无望中的期望。幸好，上海的孩子，虽然每个月十几斤的粮食定量是不够吃的，但是春游秋游的野餐，枕头面包还是有的。

中午在草坪上席地围坐，学生纷纷从书包里拿出枕头面包时，一定会有"色拉嵌面包，奶油鸡蛋糕"的笑声，那是对未来美好生活的憧憬。与"土豆烧牛肉"相比，"色拉嵌面包"这个"英特纳雄耐尔"，更直接地在学生的书包里，实现了。几十年后，汉堡包风靡全世界，谁还能想得到，这就是名副其实的色拉嵌面包。当年的梦想又远又近，一旦实现了，都无法想象，曾经的梦想是这么幼稚却有趣。

倒是有一种面包，有咸鱼翻身的礼待。也是一次春游还是秋游，同学们都拿出了枕头面包。有一个同学，满脸不自在。他带来的不是枕头面包，是麸皮面包，装在一个纸袋里。麸皮面包，也叫粗面包，比枕头面包便宜，但是不好吃。这个同学家里经济条件不好，他母亲就给他买了麸皮面包。任何年代体面之心都是一样的，同学们是围坐的，这个同学拿出来麸皮面包，很突兀地暴露在同学眼前。偏偏这个同学长得有点粗黑，有同学当场给他起了一个侮辱的绰号：粗面包。一记头，同学都笑得在草坪上翻到。不自在的"粗面包"立起身，跑过去，对着起绰号的同学，就是一脚。几十年后的同学会，"粗面包"同学自我解嘲：你们看看，五十多年前，我就知道"粗面包"是健康食品啦……

如果要在面包上再翻出花样，那就是奶油蛋糕了。现在时不时有人在说"奶油小方",好像很老克勒的样子,其实在1960年代,已经有了。不需要去哈尔滨老大昌的,那时候也没有红宝石的,大一点的食品店就有。长方形的一块一块,白色拉花的奶油上还有红色的麦芽糖,应该是8分一块吧。食品店里,奶油蛋糕的柜台紧靠面包柜台,去买面包时看到了它,付钱时,乘机食指在奶油蛋糕正上方的玻璃板上划了一记,像是刮到了奶油。

那是如今的奶油小方,在五十多年前是散装的。有时候会有人去买四块五块蛋糕的,买一个盒子太不合算,就带一个钢盅镬子去,蛋糕铺在镬底,不失为中西结合之妙招。

那个年代的奶油蛋糕基本上都是由小方组合而成大方,也就是整整齐齐一盒奶油蛋糕了。有外地人回家乡时,买一盒上海奶油蛋糕,乘火车带回去,小心翼翼,生怕奶油蛋糕上的奶油会碰坏,到后来免不了碰坏的。不过再碰坏也是上海的奶油蛋糕。

过了很多年之后,很多人才知道,这一块让人铭记在心的奶油蛋糕,并不是奶油蛋糕,而是蛋白蛋糕,主要原材料是蛋清。真是洋盘啊。不过,那年代你当它是奶油蛋糕,它就是奶油蛋糕。凡是白色酱状的食物,都可以归类于奶油的。

奶油情结好像是上海人的专利,不仅有奶香的食品可以奶油冠名,甚至还诞生了奶油的衍生物——它们既没有奶油,且还不是食物。比如有人头上发蜡用得多,叫作奶油包头,演员唐国强长得比较漂亮,被戏称是奶油小生。这些奶油衍生者,不管他们是不是上海人,也都归属于"上海制造"。无奶油不上海,似乎不无褒义了;甚或可以倒过来说,无上海不奶油。

用年轻女子作比,她不是大家闺秀,也算不上小家碧玉;只是一个刚从乡下到上海的丫鬟,不娇不矜,朴素可人;她未抢小姐的风头,但是谁都知道小姐离不开这个丫鬟的。

在"上流世界"中浸染沉浮

在漫长的社会文明进化中,人类先是给自然物种一个个取了名字,而后,给人造物种也取了名字,其中有些人造物种脱胎于自然物种,名字也就有了对自然物种形似类似的延伸。比如,把一种可以吃的自然物种取名黄豆,而后把黄豆碾碎,经过卤反应后形成的膏体人造物种,叫作豆腐。这是同类。还有一些是非同种同源的现象,只是模糊的形似甚至神似,也照样会有一个略略夸张的名字。汉朝淮南王刘安发明豆腐时,怎么也不会想到两千多年之后,豆腐花样越来越多,却有"豆腐渣工程"是遭人唾弃的,还有"豆腐架子",也是明显的贬义。豆腐架子、豆腐渣工程,和豆腐了无关系,却是神似于"腐"。

百叶结也不知道怎么叫出来了。

我特别喜欢的百叶结,不是自己家里做出来的,也不是饭店里的百叶结红烧肉，而是在熟食店里卖出来的。

熟食店里居然还会有百叶结？曾经有过，在淮海路上的茅万茂，也就是后来的茅山酒家。

准确地说，茅万茂是男人喝酒的酒肆。喝酒要有下酒的菜，茅万茂也兼有熟食，既可以堂吃，也可以外卖。白斩鸡酱鸭酱汁肉熏鱼，也有鸡头鸡屁股麻雀花生米之类的下酒菜……倒是有一种熟食，淮海路上，唯茅万茂独有。那就是百叶结了。看似平常，却是大有文章。茅万茂百叶结，搞得名气很响。淮海路周边都晓得的。

大概是上午十一点，百叶结还没有出锅，店门外，已经有十几人拿了钢盅镬子排队了。那个年代，钢盅镬子，是上海每家人家的万用器皿，大大小小，总有好几个。烧饭用得着，盛水用得着，买豆腐浆用得着，买奶油蛋糕照样用得着。淮海路上，很容易看得到有人提了一只钢盅镬子跑来跑去的，可能有人是穿了三条横马路来买百叶结的了。

要不了几分钟，一大盆热气腾腾百叶结端到冷盆间，一角十只百叶结。付钱时，还有人对营业员说，谢谢侬帮我多加点汤好伐！一歇歇辰光，百叶结卖光了。

茅万茂百叶结，生意好，因为便宜，更因为，它的百叶结是肉汤鸡汤烧的。茅万茂每天要自制熟食，酱汁肉先要笃汤，白斩鸡也要笃汤，鸡和肉都算是高级的熟食，鸡汤肉汤也因之高级。当时提倡全心全意为工农兵服务，工农兵吃不起白斩鸡酱汁肉的，那么就用鸡汤肉汤煮百叶结吧，买回家，加点水加点青菜黄芽菜，已然是荤菜。况且，那时候的鸡是散养鸡，猪也是稀贵，所以，吃百叶结时，常常还会自嘲：鸡和猪的营养都烧到百叶结里了，鲜是鲜得来，眉毛也要鲜掉了。

百叶和百叶结原本是普通的豆制品，是要傍着肉和鸡这样的"大款"，才会有鲜味的。作为熟食，肉和鸡，无疑是茅万茂的"上品"。百叶结得以"混迹"于肉汤和鸡汤，是名副其实在"上流世界"

浸染了。

茅万茂的百叶结生意好，是否是淮海路的独家？既不是独家，倒也是独家。淮海路是有几家熟食店的，不过熟食店的熟食，都不是自己烧的，是从熟食工厂送来的，茅万茂是酒店，不属于熟食店的体系，它的熟食是自己烧的。茅万茂前门是店堂，后门进厨房。厨房间不够大，还要占用弄堂做市面。比如百叶结，每天早上，是在弄堂里做的，两三个营业员阿姨，在弄堂里，铺一块板，百叶切开，做生活了。也有住在弄堂里的家庭妇女，和茅万茂营业员阿姨相熟，来轧轧闹猛，讲讲闲话，做做百叶结，反正百叶结没有技术含量，谁都可以上手。

待等百叶结做好，放到肉汤或者鸡汤大锅里去烧，"普通老百姓"百叶结，在高贵的荤汤里几经沉浮，而后华丽转身。如果说，几十年后阳澄湖大闸蟹，多有"蓝印户口"之嫌，那么茅万茂的百叶结，却是有升华登堂之美。淮海路的一绝，就此闻名。

一张百叶，切成小方块，折成条状，打成一个结。没有任何本质上的变化，百叶结和百叶却是两种完全不同的感觉和味道。再懒的人、再没有手势的人，也不会在红烧肉锅里胡乱地丢几张百叶的，因为，百叶结太容易做了，且成了结的百叶，更多地吸附了汤汁而味道佳，却又是价格低营养好。

从以往的贫困时代到当下的时尚美食，百叶结从未冷遇过。如果要用一个年轻女子作比，百叶结不是大家闺秀，甚至也算不上小家碧玉，她只是一个刚从乡下到上海的丫鬟，不娇不矜，朴素可人；她未抢小姐的风头，但是谁都知道小姐离不开这个丫鬟的。

百叶结太容易做，看到茅万茂后门弄堂四五个阿姨在做，常有人会开玩笑：㑚是在污搞百叶结！

好端端的百叶结，怎么会沾上了污搞的污名？

做百叶结，太容易，以至于是不需要"做"的。大凡"做"，做的总是事情，百叶结算不上事情，"做"也就夸张了。从百叶到百叶结的形态变化过程，应该是"绞"，是绞过来绞过去的打结过程，"绞百叶结"才是最搭配的动作。在沪语中，"绞"不读"交"，而是与"搞"同音且同声调。偏偏"搞"在上海话中是可以搞定一切的，从搞革命搞四化到搞女人搞腐化，都是一个"搞"字在搞。

从搞百叶结到污搞百叶结，盘中餐的百叶结，便就有了社会化的含义。不得不承认，每一句市井俗语，都显示了市井的机智聪明及其隐含的逻辑因果。从未有过"污炒青菜""污焖茄子"之类，唯有百叶结是污搞的。

我们这一代人都有过儿时绞百叶结的生活记忆。大人在绞百叶结的时候，也会叫自己孩子来做帮手的，不像汤团包不好是要露馅的，百叶结没有技术含量，更没有审美要求，也就不需要入门的门槛，结不散开来就可以了。于是大人会交代一下大致要求，就让孩子独当一面了。当然小孩子一半是帮忙，一半是当作了游戏，百叶结总是乱七八糟，于是大人免不了嗔言一句：你是在污搞百叶结。小小年纪，知道了污搞百叶结不是好事情，但是也知道了百叶结是可以污搞的。

再后来渐渐长大，又知道，污搞百叶结，是时代症候群。在茅万茂百叶结独享盛誉、市民家里百叶结也大行其道之时，整个社会也恰是呈现出污搞百叶结的千奇百怪。

污搞百叶结，基本上是不讲科学，不讲路数，不按规则行事，不正经，小捣乱，心血来潮，外行冒充内行，外行领导内行……的明喻。

"污搞百叶结"是可以一笑了之的事情，难听，不过细细分析，"污搞百叶结"不算太坏的事情。而且，污搞百叶结，不能说成是瞎搞百叶结或者乱搞百叶结。瞎搞乱搞才是让人笑不出来的。

上海许多弄堂曾经有铁门。在匪夷所思的年代,拆了去炼钢铁了,以铁炼铁,炼出来的也不知道是什么铁。这是瞎搞。至于乱搞,那是乱搞男女关系一类了。也还是在那个年代,上海所有的马路统统改名,改成反帝反修红色……那是瞎搞加上乱搞,叫作瞎乱搞,也可以是瞎搞污搞配,瞎污搞。

不管是污搞还是瞎搞乱搞,总是"不入调"的,也是不搭的。别以为混搭就是什么都可以搭。

大家都有一种感觉,上海最讲究搭,讲究和谐,如何搭是和谐,未必人人讲得清楚,但是如何搭不和谐,是一看就看得出来的。

某日,有朋友请吃。在金门饭店,国际饭店的旁边,意大利风格的建筑,1926年开业,几多民国文人曾经在此觥筹交错,有故事有历史有情怀;1958年改名华侨饭店,1992恢复原名。虽然这些年这样的老饭店不很受宠爱,但是就像是老戏骨一样,底蕴深厚,还是很受尊重的。在国外,进了百年老饭店,就是不一样的感受,照片也要拍好多张的。

金门饭店的尖顶具有地标作用,认不得路是要被人笑作"洋盘"的。我去了,隔着马路看过去,金门饭店还是很有气派。和锦江北楼异曲同工,正门大堂略略下沉,左右两边是圆弧的石板阶梯。我推正门进去,却是吓了一跳,居然走错路了,不是金门饭店,是一家齿科医院,看装修的气派,应该是民营的。我旋即退出来,迷茫了,两边圆弧阶梯,是金门饭店啊,但是门里面分明是齿科医院。我不敢问,便沿着圆弧阶梯走了一层,再推玻璃门进去,有电梯,到了8楼。有点洋盘兮兮,弱弱而问主人因由。主人轻轻一叹说,您没有走错,底楼租给齿科医院了,不过里面电梯同样可以上8楼了。哦?哦!宾客间旋即找到了幽默的表达方法:先搞牙,再搞酒。也是一搞。"上流社会"谁都可以来浸染一番,或者百叶结,或者……

当年上山下乡的土插队必带万金油，那是夏天用来"续命"的，后来去留学，洋插队带万金油，那是用来拓展和外国人的友谊的。

万金抵家书的流金岁月

是的，有时候，也会万金抵家书的。

这里的万金，不是黄金，只是一种叫作"万金油"的盒装药膏。在上山下乡家书抵万金的时代，恰恰，万金油也常常有着和家书同样的温暖、亟待。

就说黑龙江吧。知青去之前听到宣传大报告里说，东北三件宝，人参貂皮乌拉草，热血为之澎湃；到了黑龙江才知道，真实的三件宝是苍蝇蚊子和跳蚤，肌肤因此疙瘩。曾经有知青回忆，夏天去开垦荒地，不怕出苦力，只怕"大解"，没有厕所，连茅坑都没有，大解时必须双手不停拍打"肥臀"，因为有无数蚊子会乘机穷凶极恶叮咬，即使拍打，还是会留下很多蚊子疱。至于跳蚤，那更是和你睡觉吃饭连在一起，你在它也在。被咬之后，轻则奇痒无比，重则发炎溃烂。

于是写信给父母亲，火速寄一点万金油来。那时候没有快递，邮寄包裹大约要六角还是八角钱。很多知青和他们的父母自然萌发"团购"概念,好几家人家的包裹合起来一起寄,包裹费平摊。一个知青打开包裹,便是十几个知青收到了各自父母的疼惜之心:一个包裹里面万金油大半。

父母亲能做到、也足以相信的,也就是万金油了,当然一定是上海中华制药厂生产的龙虎牌或者天坛牌的万金油。

不管是什么虫咬,万金油一搽,止痒了,不会发炎了。甚至,中暑了搽在脑额上,腹泻了搽在肚脐眼上,清热解毒,也是一搽就灵。这就是万金油,以一当十,以不变应万变。我猜想,"文革"时期万金油产量一定达到历史最高峰值,并且为"万金油文化"的继往开来搽了一片金黄。

其实,继往"万金油文化"的有知青的少年时代,开来万金油文化的,则是知青的中年时代。

万金油的发明不属于上海,1909年福建人胡文虎开创的虎标万金油,才是万金油的始祖。万金油在潮暖多虫咬的中国南方和东南亚极受欢迎,胡文虎事业越做越大,有"万金油大王"的美称。在钱钟书《围城》里有这么一段话:"谁有万金油?慎明,你随身带药的,有没有万金油?"

1950年之后,虎标万金油被禁止在中国大陆销售,上海中华制药厂移花接木,照样是扁扁的铁皮小圆盒,红底金黄商标图案,虎前面多了龙字——龙虎牌,还有一款则叫作天坛牌。

我曾经想入非非。按理说潮暖湿气重之地最需要万金油,理当由广州白云制药厂生产更加顺理成章,为什么是上海制造?上海本来就是中国药业重镇,而且还有人丹、六神丸、十滴水,都是和万金油有异曲同工之玄妙。人丹攻气郁,六神丸主清热,十滴水助消化,万金油则是疗肌肤之肿痛。这些国药各自为政,却又形成合力。万金油由具有万金之能事的上海生产,入情入理。

只是,天地变了,不可以再叫"万金油"了,改名"清凉油"。

不过市井坊间，这一盒药膏，从来就是万金油，并且在之后，缔造了风景这边独好的万金油四步舞曲。

知青上山下乡离不开万金油，已经是舞曲第二步了。万金油文化的开幕大戏，应该是在之前的十几年间。人口急剧暴涨，生活卫生环境相当恶劣；臭虫蚊子联袂领衔的虫咬性皮炎，是贯穿上海人夏天的副产品，而家家必备对付它们的万能金色油膏，就是万金油了。

因为在夏天不可或缺，并且只要5分一盒，家里会有好几盒，房间里有，马桶间厨房间都有，随时随地可以搽。万金油面前，没有贫富差别，没有雅俗之分。当然，石库门矮平房，万金油的消耗量可能会超过食用油的。

当时女人出门包里不会有唇膏香水，少不了的是冬夏两盒：冬天百雀羚，夏天万金油。车间办公室、公园公交车，一个女人从包里拿出万金油，撩起裙摆，在红肿处搽点万金油，没有什么不妥。

很长时间，企业工会发放夏令防暑降温用品，万金油是必选项目。

直到1980年代，那时候高考还是7月份，天气比现在热得多，高考生是可以带万金油进考场的，考场里也是备着万金油的。题目做不出，汗淌淌滴，搽点万金油清醒啊。

万金油名字名副其实。胡文虎不知道，原本带点夸张商业宣传的"万金"，后来居然可以指代某一类人。

那就是"万金油干部"。我看到网上有年轻人说，万金油干部是全能干部，像体操全能冠军一样，每一项水平都是置顶的。也有人说，"万金油"和"三脚猫"差不多，什么事情都来赛的。

历史和社会，做不到像照片有图为证，况且照片也可以被美颜和PS。但万金油真是干部，即使是小干部。工人农民都是有自己专职工作，不可能万金油的，万金油干部基本上是没有专业特长的，去年做工会，今年负责绿化，明年调岗人事……除了专业，什么工作都做过，

上山下乡成知青,家书常言万金油,虫咬中暑抹一抹,清热解毒一抹灵,父母之心人皆有,万金时代成温暖。留学插队带上它,哄哄老外人正好。

什么工作都没做好过,不过依旧是干部。一个做干部的,一旦背后被人家说成是"万金油干部",口碑也就一生一世"呵呵"了。

如果是工人,"车钳刨"样样在行,不叫万金油,而是恭恭敬敬的一个尊称:多面手。

至于三脚猫,称谓的是一个人的生活能力和态度。会装收音机,会做缝纫,会理发,甚至会做家具。"三脚猫",看似不雅,却是比"万金油"本事大得多,讨人欢喜,至少讨老婆欢喜。不像万金油,让人家鼻孔里出气,还辱没了万金油的名声。

万金油文化如果止于"万金油干部"已经了不起,谁知,到了八九十年代,万金油滑出了它的第四舞步,随着一代留学生去欧美播撒中国神药之万金了。

不要以为留学生生活环境艰苦,需要万金油。万金油已经升格为小礼品了。留学生出了国才知道,与外国人交往,外国人是会送小礼品的。一条领带，一支笔……算起来都是好几美元的价值。中国人人穷志不穷，礼尚往来的体面是不可以没有的。也不知道是谁想到了送万金油，来自东方的神药，外国人吃煞。一时间，在中国留学生的行李中，万金油体积小，随处都会塞几盒的。价廉物美，骗骗外国人正好。

当年上山下乡的土插队必带万金油，那是夏天用来"续命"的，如今去留学，洋插队带万金油，那是用来拓展和外国人的友谊的。

也就在这个时候，去欧美考察，也就是公费出国热了起来。公费出国也要带礼品，一盒万金油，说不定就换来一只小电器。说来有趣，公费出国阵营中，少不了万金油干部的，他们能说会道，尤其是和外国人说大话唱高调，把外国人说得一愣一愣的。万金油干部带着万金油当礼品送给外国人，绝配。

本以为万金油的流金岁月应该到此终结了。网络上去一看，万金油正青春呢。且说九零后零零后——他们是当年带了万金油土插队的后代，他们去国外留学选择专业时，很多人提醒，要找一个"万金油专业"。当然不是研究万金油，而是这个专业很实用，毕业后找工作开口度很大。

九泉之下万金油始祖胡文虎，该是会为自己起的"万金"之名，笑不动了吧？

一夜之间，人若是改变了自己的属性，尤其是站立到原本自己属性的对立面，也吃力，也滑稽。

黑猫警长卸下了警服之后

年轻的父母，尤其是为父的男人，在给自己孩子讲各种儿童故事时，心里免不了泛起自己童年时代的卡通英雄。如果做一个排行榜，"黑猫警长"一定榜上有名，而且还名列前茅。

这么浮想的时候，《黑猫警长》的主题歌就从记忆中弹了出来：眼睛瞪得像铜铃/射出闪电般的机灵/耳朵竖得像天线/听着一切可疑的声音/磨快了尖利的爪到处巡行/你给我们带来了生活安宁/啊哈啊/啊哈啊/黑猫警长/向你致敬/向你致敬。

《黑猫警长》诞生在1984年，恰是一代独生子女八零后的童年时代，他们的童年也恰是拨乱反正、崇尚英雄的时代，还是电视独霸四方的时代。"黑猫警长"绝对是男孩子心目中的第一号英雄。一时间，主题歌什么意思虽然不懂，但是会咿呀而唱了，标配也来了：一身黑，黑色警服，尤其是黑色大盖帽，再敬一个礼：我是黑猫警长！有稚趣，有坏蛋，有英雄……儿童故事的要素应有尽有。

给孩子提供"黑猫警长"全套装备的，祖辈居多。爷爷奶奶或者外公外婆，带着孙辈去公园，经过路边小店小摊，看到了黑猫警长的行头，就给孙辈穿配齐了。其乐融融。

这种美好，突然被打断了。有一天，爷爷从外面回来，居然也是一身黑猫警长的行头，照样是黑色警服，照样有大盖帽。爷爷和孙辈开玩笑说：爷爷也是黑猫警长啦；孙子却不高兴了：我是黑猫警长，爷爷只可以做坏蛋的。家人闻其详，爷爷说，这不是黑猫警长的行头，他是要去马路上维护社会治安，发了一套制服，恰恰是黑色的，也有大盖帽，和黑猫警长有点像的，只是没有帽徽，没有肩章。孙子不让爷爷和自己肩并肩地做黑猫警长，但是他不知道，爷爷下岗两年了，去马路做保安是有工资的。

爷爷穿了黑色制服，戴好黑色大盖帽，夹了支香烟，到马路上去发挥余热了。有一点爷爷没有想到，在马路上，他一身黑色制服维护社会秩序，没有人叫他黑猫警长，省略了"警长"两个字，只叫他"黑猫"。黑猫和黑猫警长的感觉大推大扳了（沪语，落差很大的意思）。爷爷有点郁闷。

其实整个社会都搞不清楚，"黑猫"怎么会成为城管保安群体的专有名词的。官方传媒，决计不可以如此揶揄贬低这个为社会作贡献的群体，但是又不得不承认，"黑猫"这个称呼，形象、传神，甚至经典。

时势造英雄，纷杂生黑猫。

1980年代，万物复苏，既落英缤纷，也草木纷杂。香烟票可以换鸡蛋了，也可以换搪瓷烧锅，弄堂口有卖走私外烟了，倒扣的竹箩上摆一只扁扁的木盒，翻开木盒，是一排万宝路健牌登喜路，还兼收外汇券国库券，低进高出；小马路口有一部黄鱼车踏过来停下，车上搭一块汰衣裳板，尽是磁带（盒带），有港台歌星，有轻音乐的；还有各类图书杂志，从世界名著到港台小书，称得上琳琅满目；再过几年是黄带、A片的半遮半掩……当然所有的所有，都是盗版的。

灰色地带几乎遍布每条小马路，弄堂口也不少。警察忙不过来了，需要动用社会力量，来维护社会治安和秩序。城管保安——黑猫应运而生。而且也是一箭双雕的好事，下岗工人年富力强缺钞票，让他们去做城管保安，也是解决了民生问题。

在此之前，社会上已经有人做了黑猫。当时社会上小偷勿勿少少，冲手做偷盗之事，都是正版的。越是贫穷的时代，小偷越是猖獗。戴了红袖章的纠察抓小偷，很有效果，既名正言顺，也大快人心。每一家商店里，总是有人坐在高椅上，戴了红袖章，手执没有电扩音的铁皮喇叭；只是那时候还没有统一的制服。

灰色地带，一直存在着。只不过不同时期对"灰色"定义不同。50年代，封建迷信是灰色地带，比如锡箔香烛，属于要移风易俗的对象。60年代的灰色地带是资产阶级生活方式，比如烫头发、尖头皮鞋，封资修的货色全部要铲除干净。对付这两个时期的灰色地带，社会标记是红袖章。到了70年代末80年代初，原来的灰色定义平反了，新的灰色又出现了。对付新灰色地带，社会标记不再是红袖章，是黑色的制服。社会标记完成了红与黑的对接。

只是黑猫制服的设计者肯定没有想到，他们设计的是城管保安的制服，怎么就演变成为黑猫的配置？可见《黑猫警长》社会影响之大。

按理说，有了城管，市民应该热切欢迎的，事实上，市民都讨厌黑猫，也看不起黑猫。只要想想"黑猫"这一个绰号，就明白这个绰号包含了多少不屑的意思。

为什么市民不喜欢黑猫？道理很简单，市民需要灰色地带。除了抓小偷，市民拍手称快，其他的灰色买卖，是市民生活的一部分。贤妻良母，一定是拿了香烟票换鸡蛋的。那些外烟摊头，因为男人有需求。至于盗版音带录像带、VCD、DVD，生意一直好。盗版是犯法，不过也不得不承认，许多人对世界文化和生活的了解、熟知，是从盗版入门的，是从水货"开洋荤"的。还有各种各样无证经营的小商小贩，完全是市民吃喝拉撒的必不可少。有了黑猫，这些灰色地带就受到冲击，生活不方便了。

那个年代，没有什么人懂得"知识产权"的。有一家专业的音乐团体，他们收藏了不少正版的音乐磁带，并且还有专业的磁带录音机器。为了单位创收，他们头脑风暴后，拷贝了世界名曲，在单位门口摆了一个摊头卖。待到工商行政来禁止，他们还振振有词：普及世界名曲有什么错？

更不要说普通市民了。经常会看到这样的场景，一个卖盗版音带贩子生意正做得起劲，突然有过路人叫了声：黑猫来了！小贩立即收起音带箱，拔脚就逃。等到黑猫赶过来，小贩早就将音带藏匿得无影无踪，弄堂自有他们的根据地。这个过路人和贩子完全不认识，传递情报完全是自愿。哪里有灰色地带，哪里就有发出"撤退"信号的过路人。

黑猫还让人不怎么看得起的是他们的身份。他们是下岗工人，本就是社会最底层的角色，做黑猫之前无所事事，甚至其中有些人就是做灰色生意的。灰色地带不等同于乌烟瘴气，做灰色生意不等于做坏人。如今制服一穿，变成执法者了，倒是蛮好笑的。这些人去管小摊贩，小贩脸一横：朋友侬帮帮忙好伐！弄得像真的一样。一夜之间，人若是改变了自己的属性，尤其是站立到原本自己属性的对立面，也吃力，也滑稽。

在很看重身份的社会里，经常会有人背后说道，某某人的爷是黑猫呀，伊有啥好神气的。

黑猫是被社会普遍揶揄的，以至《黑猫警长》虽然还极受孩子们的喜欢，但是黑猫警长的行头卖不动了。

虽然吃力不讨好，黑猫还是起了很重要的社会作用的，他们是"草木纷杂"社会的修草工。一代黑猫真是受委屈的。

很多年以后，这种灰色地带消逝了，黑猫也消逝了。细细想想，黑猫这个称呼蛮幽默的，且具有逻辑性的传神。从《黑猫警长》衍生黑猫，属于非常了不起的社会"文创"。要是什么时候上海举办大型运动会，将"黑猫"作为吉祥物，当是很有喜感，也将是"海纳百川"的佐证。那时候，黑猫穿上了有帽徽和肩章的警服——是黑猫警长，而非黑猫。真正的黑猫，则是在体育场外当保安，只是，没人叫他们黑猫了。

> 那时候的中国，远非是舌尖上的中国，嘴巴上的中国也是勉强，基本上还是处于肠胃上的中国——能够果腹已然大吉。

最是蒙羞"面疙瘩"

大凡要讲讲怀旧和江南味道的饭店，多有面疙瘩，当然一定是三鲜面疙瘩这样加了上好辅料的。面疙瘩上桌，有人在淘老古，有人一勺又添一勺，不必发光盘命令，也会吃光的。

恰在此时，有人煞风景了：面疙瘩算是菜还是算点心？面对所剩无几的面疙瘩，大家面面相觑了。菜单的点心里没有面疙瘩，但是分明大家是把它当作面食的。

未等有权威答案，煞风景者抛出了更加深奥的学术问题：可曾注意到，面疙瘩的"疙瘩"二字是"病字头"？美食为什么是病字头？抑或我们不怕"病从口入"？

煞风景者不是美食家，却有一肚子疙里疙瘩的想法，说出来还真煞有介事的：你们晓得不晓得？我们都是戆大啊。我们喜欢面疙瘩，正是印证了这句俗语：戆大戆嗒嗒，要吃面疙瘩。这句俗语意不在嘲弄智障者，倒是看得出面疙瘩曾经很落魄的江湖地位。

五六十年前，面疙瘩几乎是粗劣生活的一个小小活法。

那时候的中国，远非舌尖上的中国，嘴巴上的中国也是勉强，基本上还是处于肠胃上的中国——能够果腹已然大吉。粮食是配给供应的，每个成人是29.5斤一个月，还不全是米，搭配面粉，米和面粉之比，记不得了，大约是一半对一半吧。

江南人的肠胃系统，是吃惯了米饭的，面食属于浅尝辄止之物。对半的比配，意味着一天吃饭，一天吃面粉，米和面粉是夹层摄入。

为了适应面粉的搭配，每家人家学会了发面，学会了做馒头，还学会了摊面饼，也要翻翻花样的。就像在2022年上海的春天里，学会了做面包做馒头。摊面饼需要擀面杖，这东西上海人家里是没有家传的。从何而来？当然可以买，但是那个年代一方面穷，一方面穷则思变，自己会想办法做。很多人家里的擀面杖，是用家里旧扫帚柄做的。扫帚柄是竹头的，截一段竹节下来，砂皮磨光，就是天然的擀面杖了。日子久了，擀面杖都有了包浆。

家里也常常吃面，上海人喜欢吃面的。面条自己没法做，是要去买的，当然面条是比面粉贵的。

有什么面食可以自己做且能取代面条？面疙瘩终于横空出世在上海每家人家家里。

我现在还想得起来，岁数不大时，已经独立做面疙瘩了，因为面疙瘩没有特别的技术含量。将面粉加水放在碗里不断地搅和，让它成为很厚的浆状。锅中烧点水，加入吃剩的咸菜，待等水开后，用筷子将面浆顺着碗口一条条地划入锅中，划下去的面浆是不规则的条状，有凸起，有凹陷，且长短大小不匀，全在于手势了。这凸起凹陷，很像是疙瘩。以形状物，以形起名，也算是文化传统。面疙瘩便就此叫出了名。很形象，很市井，很有时代性。

很多年之后，去吃火锅，点了"鱼滑""虾滑"之类。服务生操作时，我笑出声来：不就是面疙瘩的做法吗？可惜呀，当年没有将面疙瘩叫作"面滑",否则它的身世也不会这么不堪。

有时候,面疙瘩也可以先和面做成条状,像做馒头一样的干湿,而后切成一片一片,稍有点技术含量了,没疙瘩了,但还是叫作面疙瘩。就当年的少年行为能力而言,划下去的面疙瘩,是完全可以独立为之,它不像面条,煮不好而成烂糊面,面疙瘩好煮得多。而且更多时候,家长也需要孩子独立为之。

一碗简单的面疙瘩,可以加一点隔夜的青菜、咸菜炒百叶之类作为辅料,如果咸菜里面还夹了一两根肉丝,那是会让你心情好一天的美事了;不用油,海鲜之类想都没有想过的,甚至可以清汤寡水,仅是放了点盐或者酱油,冬天撬一笃猪油倒是有的。除了果腹,面疙瘩不仅没有技术含量,根本不是美食,连最起码的营养,也是谈不上的。

我那时猜想面疙瘩的名字,是上海人起的,如果扩大一点,是江南吃面疙瘩的人给它胡乱起的名字。北方或也有此类吃法,但更常见的是烙饼、馒头、面条,也有面糊、面片。

把面疙瘩当作主要的主食,恐怕还是在江南一带。

"疙瘩"是病字头,不是好东西,作为主食,它简直是病从口入了。在中国上千年吃的历史中,还有什么食品的名字是"病字头"的?我想不起来。

面疙瘩被起了这么一个难听的名字,不是刻意的,只是形象化的市井流传,就像给儿子起名阿狗阿猫一样。偏偏疙瘩两个字是病字头的,疙瘩两个字的本义——皮肤上突起的或肌肉上结成的硬块,太生动也太刻薄。

这也证明,即便是在吃面疙瘩的时代,吃惯了稻米饭的上海人,对面疙瘩也是看不起的,它是没有地位的。就像现在红薯,当年叫作山芋,普遍认为吃了山芋会放闷屁的,其实毫无科学依据,只是山芋也是强制性搭配供应的缘故。

美食的历史，一定是富裕人家吃了说好的历史。

虽然同是水煮的面食，面疙瘩和面不可同日而语。即便是在最贫困的年代，生日吃一碗面还是有的，岂能由面疙瘩替代？寿面也就变成寿疙瘩了。社会上有形形色色的面馆，也留下了各自的传说，还可以争一争江湖地位，却未有一家面疙瘩店的。盖因面疙瘩是不上台面的，没有历史的，没有身价的，没有技术含量的。

面疙瘩蒙羞还不止于此，社会文化竟然要让智障者来和面疙瘩匹配。于是就有了这么一句：戆大戆嗒嗒，要吃面疙瘩。嘲弄智障者，是那一个年代普遍的人文缺失，比如阿翘阿翘，阿翘屁股有大小……现在已经不可能发生了。

很多年以后，撇开不文明，我却是这么想：为什么会将智障者和面疙瘩捆绑在一起，其中是否也是有野蛮之外的社会情结？

当年弄堂的夏天，常有拥挤的人家，把矮桌摆到弄堂里吃晚饭的。有饭，当然也有吃面吃面疙瘩的。尤其是面疙瘩，很适合夏天冷食。有些小孩子，端了一碗面疙瘩，反正桌子上也没什么菜，就走到弄堂角落头，看人家打牌下棋，有时候不开心了，突然就被人家开骂：戆大戆嗒嗒，要吃面疙瘩……

戆大要吃面疙瘩，在于戆大不知口福之美。既然社会普遍认定了面疙瘩是最低级的、最没有营养的、最没有鲜美之味的，最没有上海人饮食之习俗的，那么，谁喜欢吃面疙瘩，谁就是戆大。因为戆大的味蕾也是戆，吃饱就好了。

看似是戆大和面疙瘩的负面互证，其实是借戆大来"污名化"面疙瘩。

不必去深究当年缺乏文明，倒是可以看出彼时市井文化的自嘲：吃面疙瘩是不正常的，欢喜吃面疙瘩是更加不正常的。

谁知道几十年之后，面疙瘩加一点海鲜，咸鱼翻身了。只是，彼时叫出名了的面疙瘩，改名是改不过了，若是叫一个"三鲜面滑"，谁都说不清楚是什么东西了。可能也是因为面疙瘩三个字叫惯了，在饭店点菜点到面疙瘩时，好像没什么人注意到，有个病字头的食物，自己花了钱给自己吃，还说了它一番好话。要是有刚学汉语却不领风情的人看到菜单，或许就要投诉并且棒喝：你要我吃了生病啊！

面疙瘩蒙羞在疙瘩，疙瘩本身也无辜，也蒙羞。疙瘩本是皮肤上的病理现象，但是很多年间，疙瘩两字几乎一直是用在贬义的为人处世上。

以前有说，不要嫁给宁波人，因为宁波阿婆难弄，老疙瘩的。宁波人的规矩，被这么一疙瘩，好像是多余的了。

有一位专家型领导，对下属的业务非常严谨，就有人背后说这个领导很"疙瘩"的。领导的严谨，被这么一疙瘩，好像是领导做人有问题了。

很多时候，疙瘩是负面的；也有很多时候，疙瘩是被定义为负面的。坏就坏在了病字头上。

就像面疙瘩，要是没有病字头，或许可以美食打榜的。

或许，真会有语言学专家哪一天心血来潮，要为"疙瘩"去掉病字头的。

不过要是没有了病字头，也就没有了面疙瘩，也就没有了那一个吃面疙瘩的年代，也就没有了那一个捧着一碗面疙瘩在弄堂里穿来穿去的小孩，也就不会领受很蒙羞的那一句……

> 儿科是为孩子治病的,但是"小儿科"本身就是病,是不治之症。小儿科对儿科,伤害不大,侮辱很大。

儿科加一个小……

大凡与孩子有关的词汇称呼,前缀一个"小"字,就显得亲切和亲昵。比如宝宝之于小宝宝,孩子之于小孩子。

这不仅仅是当下的习俗。远在宋代,就有如此惯常:"国清才子贵,家富小儿骄。"儿子前缀一个"小",富足的程度都不一样了。

甚至原本贬义也会反转为褒义。比如坏蛋加个"小",小坏蛋分明是在夸某个小孩子比别人聪明,脑筋动得快,甚至还是男女间的亲昵暗语。

照此推论,儿科也可以前缀"小",小儿科。

如今医院里的儿科,也或者是儿童专科医院,几乎都是最高的规格。最健康最环保的地段,最有想象色彩的候诊区域,最高级的医疗设施,当然也是最无奈的候诊时间……是儿科的必须。儿科一点也不小。

"门庭若市"根本不足以描述儿科的人流,应该像是庙会和集市。

为什么要称呼小儿科？
这究竟是什么鬼？

如果五六十年前医院的儿科，也是现在这般的规模这般的待遇，那么就不会有"小儿科"这个俗语之谓了。

因为小儿科不是亲切亲昵，是轻蔑。儿科在医院，小儿科在身边。

五六十年前医院的儿科，还真是小儿科。

正值生育高峰，儿童密密麻麻，卫生意识非常淡薄。人多生病也多，医院儿科理当是规模最大设施最齐全的。恰恰相反，孩子多了就不娇贵了，很少听到父亲母亲把自己的孩子叫作小宝宝小亲亲的，吃生活都是家常便饭了，骂一声"小赤佬"，则是吃生活前的黄牌警告。

那时候生病很少去医院。发烧就吃安乃近之类的退热片，至于剂量，毛估估，大人一片，小孩半片吧。

孩子看病大多没有劳保；真要看医生，去附近的街道地段医院，也就是如今的社区医院。像现在动辄儿童专科医院,当年都不知道这些医院是开在哪里。

地段医院只分内科外科,没有儿科。区中心医院级别以上的医院才会有儿科。到了这样的医院,儿科还找不到,总是在医院的一个幺泥角落头。儿科从来不被重视的。各种缘由很多。首先是小赤佬没大毛病的,第二小赤佬小毛病不来医院的。于是医院的重要区域肯定轮不到儿科。儿科在任何医院里,都是一个很小的科别。在儿科当医生基本没有很大出息的。

儿科不受重视。未曾想前缀一个"小"字——"小儿科",却一下子从医院突围,现在叫"破圈",很强势地切入了社会世俗生活。再也没有比"小儿科"三个字更形象地来定义生活价值观了。

最早,"小儿科"是用来赞美小事入手的精神。在厉行节约的年代,回想起来,也恰是生活物资供应匮乏的年代,要节约一粒米,节约一滴水,节约一度电……反正所有的生活用品都提倡节约。自然有人做得很好,自然就有人讥笑:这都是小儿科的事情。

很多年前看到过一则真实报道:某位机关干部土法上马,用报纸捣碎浸泡手工捏造,晒干后是一只灯罩。他这么做时,有人说,小儿科,但是后来整个机关都推广了。报纸报道非常及时,还发表小评论:赞一赞"小儿科"……

几十年过后,这个报纸回炉灯罩,是非常的环保节能,如果还保存着,比当年任何一个灯罩都值钱,不仅不是小儿科,简直可以进入博物馆了。

不必说小儿科一定是那个年代的"文创产品",一直到后来生活优裕年代了,一直到医院的儿科已经高高在上的年代,还是会有"小儿科"的。有人,当然一定是一小部分上了年纪的人,会在抽水马桶水箱里卧底两瓶水,说每次抽水可以节约两瓶水的量,也一定会有人,很可能就是他的儿子女儿"呵呵"的:小儿科小儿科,省不好啦。

"小儿科"还有另外一层意思,虽然对小儿科有那么一点不恭敬,却是更加富有"小儿科"市井式的幽默乃至犀利的。

有个冲手（小偷）偷皮夹子被抓了。抓他的纠察说：年纪轻轻，啥事情不好做，有本事你去偷人造卫星倒也算了，偏偏要偷皮夹子，太小儿科了。后来纠察把自己抓小偷一抓准的事情显摆给朋友听，听者中恰有儿科医生，不高兴了：凭什么要将偷皮夹子和我们儿科相提并论！纠察一脸赔笑道歉，不过无意中还在狡辩：伊偷皮夹子，不是小儿科是啥呢？总不见得是江洋大盗。

当然这是极端的案例。

更加寻常可见的小儿科，就在我们的身边，五十年前有，五十年后依然有。那是一个人的格局。小儿科的人未必是坏人，但是一定是让人家看不起的人。

比如说一个像葛朗台这样吝啬的人，或者团队工作斤斤计较小打小闹的人，还有在亲情交友中时时事事算计而沾沾自喜的人。

他们可能很善于打点自己生活，在友情亲情爱情交情上，总是有一笔明细账，格局小得可怜，自己往往还很得意。

如今微信群，常有人今天生死相交，明天拉黑，后天又和好，自认为狠三狠四，旁人却一针见血给出经典的评价：小儿科。

小聪敏，小技巧，小阴谋，看上去顺风顺水，心想事成，但是要不了多久，"小儿科"的口碑就传扬开去，即使不用"小儿科"这样的传统词汇，也会用一个字面文雅杀伤力更强的说法：这个人格局不大的。凡小市民者，必定小格局，必定小儿科。

并不是有身份、有钱、甚至有知识（学历）的人一定格局大，如果没有良好的从小而大的家庭教育格局、生活氛围格局、人文催化格局，那么长大之后才得到的身份、钱财和学历，都很难改变自己小时候已经形成的小格局，也就是小儿科。

儿科是为孩子治病的，但是"小儿科"本身就是病，是不治之症。小儿科对儿科，伤害不大，侮辱很大。

前几年，有个有点钱的大妈去境外旅游，在当地的免税店，她买包买化妆品买手表，真像是眼睛也不眨，还说回去之后一开心就送人。且不说这个女人土豪式的显摆，真正让人觉得她小儿科格局，是在宾馆早上自助餐上，她居然会带了两罐酸奶出门。大巴开了一会儿，她还得意地向旁人展示自己的战利品。这个女人一定不是要省下几欧元，是什么驱动力驱使她这么做的？是她从小而来的格局。后来有人说这个女人以前是里弄生产组的，当年被戏称为"里弄模子"，也就是婆婆妈妈贪小便宜的格局使然，钱再多，贪小这个"小儿科"毛病，改也改不掉，是终身相随，不贪小她都会难受的。

格局是一个人的气，一个人的底，一个人的型，一个人的派，一个人的品。

也就是在社会习惯将"小儿科"比作小格局小聪明之时，有一位记者愤愤不平。他觉得这是对儿科，乃至对医生的侮辱，因为记者的女朋友是儿科医生。他认为女朋友身为儿科医生很神圣很荣耀，岂可将儿科当作小市民的陋习代名词。

当时还是儿科备受冷落的年代。记者写了文章，呼吁社会有识之士，不再用"小儿科"这个词汇。记者为此采访了一位已经鹤发童颜的儿科专家，据说这位专家在国际上也久负盛名。年轻记者告诉老人自己对"小儿科"这种说法的鄙视。他以为儿科专家会赞许他的。儿科专家听了哈哈一笑：小儿科没啥不好呀，医院里所有的科，也只有儿科可以加个小字，小儿科。内科不好叫小内科，外科不好叫小外科。现在儿科是不大受重视的。说不定以后就受重视了呢？

谁也没想到，风水就是轮流转了。几十年之后，儿科在医院里地位显赫。当年记者的女朋友，如今是名气很响的儿科专家，要挂她的专家门诊，也要有本事的。时常有记者采访，她倒是也不忘开个玩笑，不必来采访的，阿拉是小儿科，只给小朋友看毛病。

> 打与被打预防针的双方是不可逆关系，是上与下的等级关系，以及所衍生的话语权的主导。

预防针啊预防针

打好了预防针，需要留观半小时。有人嫌长，我以为自然。在这半个小时里，我想起来六十多年前自己还是孩童时候似乎打过很多次预防针。几岁时候最后一针预防针打好，知道自己再也不需要打预防针，这是长大的标志，不用再担心乙型脑炎、水痘、天花、结核病……究竟是几岁，想不起来了，总是在青春发育之前吧。

而来五六十年，预防针再也没有打过。前几年也听说有年轻女子到境外打预防针，所要预防的，和我没有任何关系，我不需要再打预防针的。

再也没有打过？再也没有打过？在内心我反复问自己。当然没有打过，但是"预防针"这三个字，像是扎在我皮下的预防针针头，至少有几十年，从来没有拔掉过。"预防针"早就从预防疾病的内核，延伸到家庭、学校、社会的各个环节里。我们此生被打过的预防针，被不用针头、无形的预防针打过多少次，连自己都数不清楚的。

"预防针"是一个专用名词，它不是戳向皮下，是对准心理，对准某一种行为对准某一种意识。因为是预防针，有无形的针头，所以，不管是什么年纪，不管是面对来自谁手里的预防针，总是惧怕的。

最早接触到的预防针，恐怕是来自父母亲的。和人家打架了，闯祸了，或者是做了件不好的事情，也可能是读书不用功，成绩下降……以前父母多多少少是要戒尺教子的。一把尺，丈量的时候是尺，在教子的时候是"尺棒头"，是打手心的最佳；当它是尺的时候，可以作为玩具，很亲昵，当它是尺棒头的时候，它是威严，是肌肤之痛。

一般做父母亲的，虽然手持戒尺，往往快举慢下，亲生的儿子也不能放纵，但是舍不得打。于是手中的戒尺成了预防针：今天先不打你，是给你打预防针，再不用功、再偷懒、再闯祸，就吃生活！听到了伐！听到了，听到了……父母的预防针，是最珍贵的预防针。父母既是为儿子预防吃生活，也是为自己预防真打下去。

有时候父母的预防针也可能是和风细雨，但是意思全在里面。曾经有朋友说，当然那是以前，女儿考进大学了，我跟她打预防针的，大学期间不要谈恋爱，小姑娘要吃亏的。预防针打下去还真有效，还长效，女儿到了三十多岁还没有恋爱过。

学校老师手里的预防针分门别类，每一次家长会都是预防针备齐，强调纪律，强调品德，强调努力。老师的预防针，对听话的学生是有作用的，对不听话的学生，药水没有打进去，针头已经弯了。他们天生就是有抗体——是对预防针的抗体。后来，必有听话的学生有出息了，来感谢老师的预防针，也必有不听话的学生有出息了，也来谢老师。老师则庆幸当年的预防针对不听话的学生毫无作用，感叹上苍天生我材必有用。

工作之后，以为可以向预防针做一生的告别，岂料，成人恰有针对成人的预防针。所有的预防针都是度身定制的终身制，年年要打，月月要打，甚而时时要打。

大凡需要社会动员的事情，预防针是必备的。

远眺上山下乡年代，身处轰轰烈烈的社会大运动。服从者是不需要打预防针的，但是任何社会大运动总有不服从者，总有跟不上运动步伐的。怎么办？打预防针。

比如交通整治，预防针如同山雨欲来风满楼，尤其是对酒驾一类，预防针都是大剂量的：拘留，失去公职。果然有无视预防针的人，果然也有后悔终身的人。

有一段时间，流行《第二次握手》《一只绣花鞋》之类的手抄本。现在看来，也真没什么，后来还公开出版的。一本小说一个字一个字从头抄到底，抄的功夫都已经很了不起了。只是当时都被定性为黄色手抄本，规定大家不可以抄，不可以传，也不可以看。所谓规定那就是打预防针了：谁要是抄了传了看了，要受处分的。

我还记得当时的领导就是这么说的：我要给你们这些小青年打打预防针了，这种黄色小说，千万看不得，看了意志消沉，严重的还会犯生活错误。谁手里有这种黄色小说，一定要上交，如果不上交查出来，错误就犯大了。

谁都以为领导就是这么说说，后来才知道预防针是真的。因为领导亲自带队到更衣室里搜黄色小说了。幸好狐狸比猎手更狡猾，手抄本竟然销声匿迹突破重围。很多年之后，当事人恍然感知，手抄本没有被搜出来，对谁都是最好的结局。

诸如此类足以回眸且莞尔一笑的预防针，很多很多了。

当然大家也明白了，预防针是警告，更是信号。明白警告的内容，了解信号的波段，是一件非常重要的事情。

做一个比喻，足球赛场上有黄牌和红牌，黄牌就是预防针。关照侬，老实点，不可以再犯规了。要是球员收敛了继续踢下去，要是不买账，火气上来，又一次严重犯规，惹毛了裁判，对不起，不再打预防针了，直接红牌驱逐。这才是预防针真正的威严——预防针不是孩童手里扮家家的针，黄牌不是劝告，是警告，对警告是不可以无所谓的。

预防针涉及打预防针和被打预防针的两方。总是上下的关系，家长对孩子，老师对学生，领导对群众，社会对个体……打与被打预防针的双方是不可逆关系，有上与下的等级关系，以及所衍生的话语权的主导。家长可以对孩子说打预防针，孩子肯定不可以对家长说打预防针，孩子充其量可以提醒，哪怕父母年迈，买保健品中了邪，也断不可对父母说，我要给你打预防针。这是话语权和等级在发挥限制作用，其实就是管理者被管理者的关系。

正是蕴含了社会人际管理关系，于是，预防针是不可以拒绝的，哪怕某种预防针几十年后被证明并不需要，但是在特定的时间里，拒绝本身就是错误，至少是辜负了要为你打预防针的人的一片好意。因为预防针"是为了你好"，"你将来会明白的"……

事实上，预防针作为一个市井生活的专用名词，不仅仅属于以往的年代，不仅仅也曾经是信号、是警告、会吓人一大跳，预防针至今仍在某些领域发生着厉害的作用。曾经听一位市场管理人士说，我们常常给一些商店和一些老板打预防针的，什么事情不可以做，什么事情不可以做，做了会怎样，哪些人做了后来怎样。有人听了，有人当我们是耳边风，到后来，罚款罚得倾家荡产，还要吃官司，就是没把我们的预防针当回事情。

几乎同样的预防针内容，我还听公安交警人士说了，听纪检人士说过，听环保监测人士说过，听食品安全人士说过，听建筑监理人士说过……在给人家打预防针的人还真不少，倒过来说，需要打预防针的人真不少。

不像很多市井俗语，只是以往一个年代的鲜活印记，是一个过去式，"预防针"起始于以往，从未间断；用英语语法来说，是一个现在完成时，也是一个现在进行时，甚至还是一个将来时。"预防针"是经典，是当下，也是未来。

为什么人不可以以高度的自律，自己给自己打预防针呢？对未成年孩子除外，为什么预防针的双方是不平等的关系？我还没有想明白。

> 无轨电车生不逢时，也可以反过来说，无轨电车生而逢时。

无轨电车老司机

这些年的网络热词，诸如普大喜奔、爷青回、yyds……很多年之后，注定要有人为未来的小孩子们解释它们的意思，它们的由来，它们的社会热度。由谁来讲解呢？就是这些年使用这些网络热词最得心应手的年轻人——那时候你们也老了，只会讲讲你们过去的故事，老了的你们会觉得这是一件很有意思的事情，其实也只不过是你为数不多能够讲得清楚的故事。你窃喜，好像还是有人在听你讲故事。对了，这就是我现在做的事情，我要说的又是一件我说得清楚的事情。

又是五十多年前了。

一个小姑娘中学毕业，分配到了公交公司，还让她去学驾驶，当上了淮海路上26路无轨电车的司机。真是额骨头碰到天花板的好运气。公交公司做个卖票员已经是普大喜奔了，司机简直是至高无上的职业了。社会上有几个人会开车！

小姑娘拿到通知书很是开心，邻舍隔壁也说她运气好，却有弄堂里老爷叔插进来说了句煞风景的话：侬是开无轨电车啊？哈哈，无轨电车好乱开八开，叫作乱开无轨电车……老爷叔讲得起劲，小姑娘眼泪水也要落下来了：做啥瞎讲！啥人乱开无轨电车！

无疑，"乱开无轨电车"，不是一句好听的话。乱开无轨电车，是要被批评的——凡是被广泛批评的事情，也一定是广泛发生的事情。

常常是开会还要讨论的时候，再重要的主题，到了讨论时候，不知不觉就说开去了，说到了和重要主题毫无关系的民生。越是低级别的学习讨论，越是天马行空。以至领导——可能就是个小组长，拿了搪瓷杯敲敲台子，或者直接拍拍桌子：不要乱开无轨电车！好刹车了！回到消灭四害的主题上来！

虽然工人群众，尤其是里弄大妈，对小组讨论的内容毫无兴趣，但真要是参加了，热情陡增。因为小组讨论会，是乱开无轨电车的最好时机，是信息传来传去的最好平台，讲讲大道，传传小道，开开玩笑，面授摘花之招，秘传驯夫之道……无轨电车开起来，人民群众的想象力、创造力、幽默、尖刻、爽朗，随之瞬间爆发，真是心旷神怡的，无轨电车总是越开越远。

乱开无轨电车的年代，没有网络，没有微信，人与人之间的交流也是铁板一块，只有在小组讨论会时，才有了意想不到的生动。常常会议主持人，先是极力维系着自己主持会议的尊严，而后也滑入到了开无轨电车的行列中。别看这个当科长小组长的领导，一本正经主持小组讨论时乏味无聊，一旦开起无轨电车，眉飞色舞，生动活泼，甚至妙语连珠——老司机啊。

"乱开无轨电车"显然是要被批评的，这符合彼时的社会气候。名声很响的《支部生活》刊登过漫画，还组织过书面讨论，要求大家小组讨论时，要端正态度，提高觉悟，不要乱开无轨电车。

正所谓城门失火殃及池鱼，当"开无轨电车"被定义为消极的现象时，分配到公交公司开无轨电车，本是令人羡慕，却因为开无轨电车有负面的多义，以至去开无轨电车的小姑娘，被弄堂里的老爷叔一煞风景，哭了。更何况，小姑娘很正直，不苟言笑的。

很多年后，我琢磨起"乱开无轨电车"的起因。最被冤枉的，不是在无轨电车上当司机的小姑娘，而是无轨电车。无轨电车得罪了谁？要承担起无组织无纪律无主题的罪名？无轨电车要是有灵性，也当是强烈要求恢复名誉的。

无轨电车生不逢时，也可以反过来说，无轨电车生而逢时。

乱开无轨电车的年代，与无轨电车在上海开始取代有轨电车的年代不谋而合，是无轨和有轨的对接。

1908年，上海有了第一条有轨电车，从静安寺，一直开到延安东路外滩。

有轨电车因为有当当声响，也叫作当当车。如果从一百多年前的市井角度看，"当当车"一路开过，是多么的"海威"。

6年后的1914年，上海有了无轨电车。

1963年8月15日凌晨，行驶了整整55年的上海第一条有轨电车线路结束了历史使命，最后一辆1路有轨电车末班车从静安寺开出，等候在南京路两旁的工人和士兵，在这一辆有轨电车开过后，撬掉了电车钢轨，也很"海威"。一个多小时后，第一辆20路无轨电车离开静安寺起点站开向外滩，完成了1路有轨电车和20路无轨电车的改朝换代。在此之前的1960年6月1日，淮海路上有轨电车率先开到了终点，被26路无轨电车替代。

无轨电车是一时的宠儿。成本低，票价也比汽车便宜，起步价是4分。

这个历史时期，也是大会小会最密集的时期，里弄要开会，小组要开会，车间要开会，田头也要开会，还要手捧红宝书……开会开会，开着开着，就演变成无主题变奏。无法考证，是谁赋予七嘴八舌的家长里短极其形象的生命——乱开无轨电车。

无轨电车无轨，却长了两根朝天的长辫子，连接着电线，时见无轨电车转弯没有转好，辫子滑脱，"翘辫子"了。一阵哄笑之余，总有老爷叔哼了一声，啥水平啊！乱开无轨电车——乱开无轨电车大约就是这样开出来的。"无轨"两个字，给予了市井文化太多的想象力，比之于闹哄哄的开会讨论现场，再也没有更神似的了。

在市区有轨电车消逝后，"有轨"的概念倒是延伸了。比如"出轨"。现在这个词用得很广泛，因为出轨的事情很广泛，同时也不能容忍，以"出轨"来形容婚姻事故，很恰当。以前有轨电车四通八达时，也有这样的事，却不是这么说的。以前很直白地叫作"轧姘头"，贬义得没有任何讨价还价的余地。讲法很难听，不过当时忍下来的比现在多，想到孩子，想到家庭，想到体面……那个年代，自有难以脱离的婚姻价值观心理轨道和生活困难，很多人顺着当时的婚姻价值观轨道，维系着没有生气的婚姻。

如今很少听到"乱开无轨电车"的说法了。是"小组讨论"没有了吗？是讨论时大家都紧紧围绕主题了吗？皆不是。但凡讨论学习，会场上鸦雀无声，只是每个人都拿着手机，以各种方式在刷屏。手机是无轨电车，又岂止是无轨电车，是宇宙飞船了。国际大事，鸡毛蒜皮，两性欢娱……手机是网络时代的无轨电车，不需要自己开无轨电车了，就乘着无轨电车，做一个吃瓜的群众。

那位当年开26路无轨电车的小姑娘，后来在国外定居。几十年后，仍旧是善于紧扣主题的人，商量什么事情，谁要是插科打诨，她还会厉色制止：不要乱开无轨电车。不过对方笑了，她自己马上也笑了——她才是专业开无轨电车的。她如今生活在欧洲。有朋友问，欧洲有没有"乱开无轨电车"之说。她说，欧洲很多老城皆有有轨电车，上百年，至今还在开，算是风景了；新城主流是汽车，也有轨道交通，就是没有看到过无轨电车。和外国人说乱开无轨电车，人家是听不懂的。她还说了句，几十年的职业生涯，也开过无数次的会，不过都是无聊的会，更谈不上开无轨电车了，她这个老司机，早已"失业"。

"八折"竟是很长一段时间上海人俗常生活的美好向往;透过"八折",还能隐隐约约看到"上海制造"的光芒。

耳边叮咚响

耳边响起什么?可以有无穷的后缀。

耳边可以响起掌声,响起叫骂,响起吆喝,响起风声……也可以是意念式地响起很重要的人很重要的话,响起某一首有特别意义的歌……

有一句话,是无数句常在耳边响起的话中的一句,并非特别重要你才会常常想起,而是这句话有关你的耳朵——

侬耳朵打八折啦!

你的耳朵经历了和你完全相同的人生。

在遥远的年代,课堂上,尤其是在考试后析卷时,老师这么说:这几道题目,复习课我都讲过,是送分给你们的,你们就是没听进去,你们耳朵打八折了!弄堂里,少年玩伴吵相骂:你不要赖!我没赖,是你没讲过!我哪能没讲过,伊拉都可以作证的,是你耳朵打八折了!家里,总是在你做事情没做好的时候,叫你去买面条,关照要买细面,你却买来了宽面,母亲愠怒了,跟你讲你一点都没有听进去,你耳朵打八折了!工厂里,师傅教小徒弟,教来教去教不会,师傅呼了口香烟:册那,侬耳朵打八折啊?

很多年以后,看到商场里的八折商品,我心里不免暗笑,下意识摸摸自己少年时期也常常打八折的耳朵。同时也会琢磨,那个年代,大概是六七十年代,为什么会用"耳朵打八折"来形容没记住某些话导致没把事情做好?它是在哪一种年代背景下产生?为什么要用折扣商品来形容?而且为什么是八折?

除了孩童嬉戏,"耳朵打八折"是教导式的批评,而非呵斥、"敲毛栗子",是上对下,而非平级。其实孩子吵架时对骂,也是有隐性上下等级关系的。

耳朵打八折的人,不是不听话,是没有把教导者的话听进去,是缺乏执行力,没有把事情做好做对,与做了错事和坏事完全不一样。假如是打群架甚至更加恶劣的行为,那就不是"耳朵打八折"的和风细雨,应该是"脑子进水了"的疾风暴雨了。

打折如今是再熟悉不过了。三折是买玉器还价的基本原则,拦腰一刀是淘宝购物节的标配,全场一折也很多见。何以在五六十年前,八折会在市井俗语中占得一席?可以责备你没带耳朵来,但是从来不曾听说过耳朵打五折,更没有三折一折了。

细细想来,就像所有的市井俗语都是某一种生活状态的变形缩影,八折有八折的江湖地位。和大多数俗语闪烁艰难时世不同,"八折"竟是很长一段时间上海人俗常生活的美好向往;透过"八折",还能隐隐约约看到"上海制造"的光芒。

是的,打八折的棉毛衫、汗衫,要比全价的商品更有吸引力。不像现在,打折,像说一句"我爱你",是太随意的事情,六七十年代的打折商品有严格规定。日用商品出厂前会经过产品检验和等级评定,然后按等级出厂。正品是全价,二等品是九折,三等品就是八折了。所谓二等品三等品,是略有瑕疵,比如汗衫有一点点油污,棉毛衫下摆袖口线脚不平整,一点也不影响质量。

三等之外还有更差的,品相有问题,或是领口没做好,或是有色差,那就是等外品了,可能是六折甚至更低,穿着效果当然不好,但是便宜。

生活水平低,便宜人人喜欢。正品全价商品有点高冷,二等品三等品等外品反而紧俏,是要排队开后门的。开得到后门,算你路道粗。可以理解当年营业员是多么吃香的职业了吧,如果有什么打折商品通风报信,说话口气也大。不过像市百一店这样的大百货商店只卖正品的,等级品大多是在小马路两开间小百货店才有出售。突然间等级品拿出来了,大家抢啊。

在所有的折扣中,最要抢的是三等品。二等品三等品差不多,但是三等品又便宜了一折。如果一件T恤正品是3元,那么三等品打八折只要2元4角,便宜6角,不是小数字了,可以买20只大饼或者15根油条。三等品比二等品更加实惠,比起等外品,又是有模有样。

打八折的三等品太受欢迎,不知不觉被培育成为上海人市井生活的元素,耳朵要是打折,也就打八折了。而且打八折恰也说明犯的错误不严重,如果是很严重的错误,那是等外品残次品了。也有凶神恶煞的爷娘,小人事体没做好,拎起小人耳朵皮:侬耳朵打八折了是伐,让侬记记牢!可怜啊,正值大冬天,小人的耳朵皮长满了冻疮,经不住拎,冻疮破了。不管愠怒还是厉声,折扣都是八折,没有三折一折的,这也证明了在折扣中,八折具有烙印作用,深深烫出了上海人的生活皱褶。

不要以为折扣商品是差的,也不要以为折扣商品仅仅是上海人的小实惠,恰恰相反,上海的折扣商品很多都具有"出口转内销"的性质。原本专供国外,只是没有通过严格的验收,除了正品,其余便转为内销。一条小小的英语Made in Shanghai China,说明了这件折扣商品的身份和身价。

出口转内销是最好的商品,质地好,做工好,款式时髦,识货的上海人，春江水暖鸭先知。一件出口转内销的T恤穿在身上，足以炫耀。这种炫耀，很快闪亮在全中国很多地方。或有上海亲戚送过去，或到上海出差，带着Made in Shanghai China外文标签的汗衫棉毛衫回老家，是不小的事情了。即使不识外文，也知道"出口转内销"，穿在身上，享受了外国人的待遇。当然只能是八折，正品是外国人穿的呀。

很多年以后，Made in Shanghai China，成为一代"上海制造"的荣耀记忆。其实每个大城市都有自己的制造业，也都生产汗衫棉毛衫，还有自行车、缝纫机、收音机……但是可以做出来出口换外汇的，可以深得全国老百姓喜欢，要为之开后门的，很稀少。这也就是为什么"上海制造"至今还是像丰碑一样伫立，心里想想吧，还有什么大城市的"XX制造"，在你的心里留下过擦不掉的记忆？

又有谁在意过，留在上海人心里有关上海制造最初的美好印象，是八折商品，连不太听话的耳朵也有幸陪伴。耳朵的艰难时世，也是耳朵的快乐时光。"耳朵打八折"不乏温馨。

很多年以后，八折不够刺激了，拦腰一刀，全场三折，清场一折，几乎折无可折，每每看到吐血的折扣，没觉得温馨，却是凉风习习。

耳朵亦是如此，面对一个游戏中的人，和他说话，哪里还有八折？一句都没有听进去啊。

耳朵不再打折，耳朵也不再生冻疮，养尊处优了的耳朵，却也是寂寞难耐。不打折就折腾，总是要折一折。

耳坠，耳钉，耳环，熠熠生辉。常看见时尚女子耳垂上挂了长度比肩的耳饰，或奢侈品牌，或淘宝山寨；款款走过，叮咚作响，煞是好看，好听。也常见到女人也或男人，耳边打了一连串耳洞的。有个小朋友跟我普及常识，说是打了八个耳洞。我没听清楚，还以为是打了八折。

不知道打耳洞会不会发出声响，我的耳边却像是听到了手持纸喇叭发出的沙哑声：出口转内销，打八折，大家排队排排好……

成年后才感知到了世态炎凉。阿王勤勤恳恳，偏偏不讨领导欢喜，先进个人之类的荣誉从来轮不到他。

阿王的忍辱前行

也不知有多少年了，反正是很多年很多年，所有人，有钱和没钱的，有地位和没地位的，有操行和没修养的，误解了他，还欺侮了他。

他非常不善言辞，名字一点没有文化，和阿狗阿猫相差无几，他是个完全的"劳力士"（体力劳动者），毫无专业特长。谁都没听他说起过人生的意义，以至谁都没有细细想过他存在的价值，而只是自以为是地从很世俗、很偏狭的视角，把他定位在一个几乎谁都可以看不起的角色思维之中。

人人叫他阿王，在他的个人履历中，看到了他一生一世只做了一件事情，而且还常常没做好。对了，阿王只会搡年糕，还看不到主人满意的眼色。于是"吃力不讨好，阿王搡年糕"，像历史典故一样流传下来了。

这个阿王，是负面的形象，不是坏人，却是事情做不好的人。

三国演义中的"蒋干盗书",便是名副其实的吃力不讨好,阿王搡年糕。曹操听从他而中了周瑜的计,误杀了水军都督蔡瑁、张允。待等反应过来,曹操怒目蒋干。如果已经有了这句俗语的话,蒋干一定这么想:我是吃力不讨好,阿王搡年糕!有一点倒是对得上的,周瑜的吴国,恰是做年糕的江南。

在俗常生活中,吃力,也就是付出努力,甚至主动地付出努力,是常态。

细细回忆少年时期对"吃力不讨好,阿王搡年糕"的最初认识,很有可能是来自父母亲的自责。

有一年春节前,家里掸尘大扫除。已经收工了,母亲还要锦上添花,在不完美的生活里追求完美。五斗橱收音机上摆了一匹白色瓷马,母亲看到瓷马的镂空处有灰垢,拿一条细布揿进去……世界上总是有一不小心的结果恭迎着一不小心的事情:白瓷马滑落到五斗橱上,尾巴断了。母亲很是自责:我是吃力不讨好,阿王搡年糕啊,不去擦它一点也没事情的。父亲则拿了胶水为白瓷马"断尾再植"。很多年间,收音机上这匹白瓷马尾巴上胶水粘合的痕迹,分明是写了这十个字:"吃力不讨好,阿王搡年糕"。

五六十年前的孩子,做家务是再平常不过的。年纪尚小,便会买菜烧饭,却是常常把事情做错。父母亲也常用"吃力不讨好,阿王搡年糕"作为批评。这批评像夹心饼干,夹在批评里的是对吃力的肯定。

也真有用在不开心时候的回击。以前男女之间恋爱几乎全靠介绍人。始热终冷的分手也常有。会有当事人对媒人吐露不满,媒人实在想不落:我是瞎起劲,自讨苦吃,是阿王搡年糕啊!

小时候听不懂搡年糕的意思,以为是炒年糕。已故滑稽戏演员王双庆有过"阿王炒年糕,吃力不讨好"的段子,说阿王把年糕炒得如焦炭般难以入口。这是误解了搡年糕的意义。炒年糕不吃力,还可以一边炒一边偷吃。搡年糕才真是吃力的事情。

成年后才感知到了阿王搡年糕背后的世态炎凉。勤勤恳恳,偏偏不讨领导欢喜，先进个人之类的荣誉从来轮不到他。旁人既有点看不下去，也是冷眼热语，"吃力不讨好，阿王搡年糕啊"。

我们没有搡年糕的体验，但是有吃年糕买年糕的经验。有些年糕，看上去大小均匀、有棱有角，我们不喜欢，这是机器轧出来的，吃口硬而粗。以前宁波亲戚会带来年糕，条形不匀，弯七弯八，卖相很差，不过我们识货的，这是手工年糕，吃口糯而细滑。现在店里也有买了。

所谓手工的过程，就是搡。一柄18磅铁锤般的木榔头，已然暗黄且微微泛红，是上一代传下来的，是搡年糕的工具了。煮熟的饭，不是一小锅，是上百斤，倒在石臼中，阿王之类，木榔头一记一记抡下去，这就是搡了。把饭搡成酱，搡得越稠，年糕越是细滑。搡年糕要用力气，是无数次重复的力气活。

搡年糕是后院的苦劳力，而非前台的表演，更不是大厨的手艺。阿王搡年糕用了多少力气，出了多少汗，没人看得见，也是没人有兴趣看见的。我们吃得出手工年糕细腻糯滑，恐怕没有人吃得出阿王的汗水也滴落在年糕里，更不会想起阿王。

没有想要悲悯阿王，而是想说，应该让世俗的价值观反省自己的错误。因为没地位，没颜值，收入低，不善言辞，不善抛头露面，谁会看得起他？隐约中阿王没有背景靠山，否则也不会来做搡年糕的"劳力士"。

其实，阿王是现在常常被挂在嘴上的工匠。

搡年糕这件事情，符合工匠精神的所有要素：出力出汗，持之以恒，毫无光环，没人待见——吃力而讨不到好是必然；出风头轮不到他，但是出风头的事情必定有他的努力，且是不可替代的努力。把阿王搡年糕这件事，比之于任何一项伟大的职业甚至崇高的事业，一点都不逊色的。宁波年糕，是因为有阿王而出名的。

只因为阿王是最底层的"劳力士"，所以，阿王搡年糕，被嫁接到了"吃力不讨好"这棵老树桩头上,怎么会开出艳丽的花?于是也就没什么人想做阿王了,道理很简单,谁愿意做一个"吃力不讨好"的苦主?

许是没人愿意做阿王,以至这个操年糕的"劳力士",是姓王还是姓黄也说不清了。有人说,操年糕的不是阿王,是黄胖;黄胖是生了肝病而水肿的人,年糕没操好,黄胖先跌倒。苦是真苦,生了重病还要操年糕,从中倒也是证实操年糕用的力气,不是一般般的力气。

市井像是一口井,是有市井的地域局限的,也就是说,市井俗语或许是没有标准答案的。

我比较倾向于是阿王而不是黄胖。操年糕,对于任何一个身强力壮的人,都是不可小觑的,黄胖是生病黄鱼,操年糕是操不动的了。况且黄胖来操年糕,家里人急煞,也吓煞了,再况且,并非人人皆黄胖,却是每家操年糕。

是阿王而不是黄胖最重要的理由是,年糕是江南的特产,而江南又是"阿X"的故乡。阿王,阿什么的,遍布江南水乡小镇,男男女女的小名很多以"阿"做前缀的。阿三,阿龙,阿珍,阿香……《阿Q正传》的阿Q,是绍兴人。年糕既是江南的特色,也就是江南家家户户的事情,家家户户的事情,是由家家户户的阿狗阿猫来匹配的。

沿着江南继续向南,阿X依旧强势。《阿飞正传》是王家卫的作品,王家卫的祖籍是浙江定海。香港人将将汤姆·克鲁斯叫作阿汤哥,将不朽之经典《Forrest Gump》译作《阿甘正传》……

或有人说,阿X之类的小名很普及。那我们去到北方找找。栓子,嘎子,冬子,墩子;翠儿,巧儿,秀儿……全然没有了阿X。同样以"狗"作小名,江南是阿狗,苏北是小狗子,北方便是狗儿。

虽然北方同样有各种行当的"劳力士",甚至更苦,虽然很久以前也少不了黄胖,但是没有了阿X,就没有了江南,没有了年糕。吃力不讨好的,数来数去,还是操年糕的阿王。

这些事情,阿王是不知道的。

> 从小学生打闹到邻居龃龉，从亲情撕裂到朋友圈翻脸，直至国与国交战，双方都少不了揭露对方的险恶用心，也少不了断然否认。

千回百转君安在

这实在是一个不登大雅之堂的话题，至少是不可以直白地作为标题来渲染，谁看了都不舒服的；只能反其意而行之，戴上一顶婉约而诗意的帽子。

你当然不知道本篇将会论道哪一句市井俗语，你也千万不要跟我说，你晓得我的行文思路，猜得到我"千回百转君安在"是在暗指什么。你不是我肚皮里的蛔虫，你怎么可能猜得到我在想什么！

一不小心，露出了马脚——你不是我肚皮里的蛔虫。

这几个字组合在一起，毫无美感，还令人生厌，但是市井俗语的生命力，惯常是以不羁不雅的文字、点到了社会的某一个穴位。你会因之一阵酸麻：是啊，只要你经历过某一个年代，你就是某一个年代市井俗语的亲历者。还可能是某些市井俗语集体无意识的创作者，市井俗语大多是小巴辣子在弄堂嬉戏中创造出来的。

显然,"你不是我肚皮里的蛔虫"是吵架的恶语。一方看穿了对方的恶作剧、小算盘,另一方极尽否认:你造谣,我没有做过;你怎么知道我会这么做?难道你是我肚皮里的蛔虫?这一方则义正词严:事实胜于雄辩,你不要抵赖。

也有可能真是一方的无中生有。

人世间的吵架,从小学生打闹到邻居龃龉,从亲情撕裂到朋友圈翻脸,直至国与国交战,双方都少不了揭露对方的险恶用心,也少不了断然否认。虽然没有将"你不是我肚皮里的蛔虫"说出口,不过也就是这个意思了。

被对方称作"蛔虫",一定不爽,我们小时候都这么不爽的,并且一定要还击。很多年之后,倒也是有了升华意义的认知了。很有可能,是你的逻辑推理能力太强,抓住了对方的要害,对方才气急败坏把你称作蛔虫。

《尼罗河上的惨案》高潮戏,是侦探波洛在断案谁是凶手。波洛没有任何物证和人证,却断定是杰基和西蒙的合谋。当波洛开始质疑这对情人杀手时,杰基满脸不屑。应该做一个搞笑的配音,让杰基用上海话插入这么一句:啊哟,波洛先生,我心里哪能想,侬都晓得的?侬大概是我肚皮里的蛔虫伐?波洛也会幽默地回应:谢谢杰基小姐夸奖,侬讲对了,我就是侬肚皮里的蛔虫,所以我晓得,凶手就是侬和侬男朋友西蒙。

"蛔虫"这顶高帽子,是以让人见之汗毛会竖起来的寄生虫,来诋毁对方一剑封喉之杀招,哪怕是假想,照样置人体无完肤。

波洛善于钻进人家肚皮里,靠的是层层递进的逻辑推理,是对事件表象穿透力的解读。犹如现代医学的CT、核磁共振、内窥镜……看到了肉眼之所不及。

生活中确实有这样的高人,对周边"来事"的人,不仅会听其言,更善于观其行,析其思。谁在说真话,谁在说鬼话,谁在做亏心事,谁在下套,谁是不仁不义之人……用经典滑稽戏《七十二家房客》中"三六九"警察的话来形容：我一看，就看出来了。

不过，"蛔虫"是谁都不可能喜欢的，至少在中国是这样，还一定是讨厌的，足有一两代人，曾经身陷蛔虫之苦。

那是在宣传爱国卫生的年代。凡是宣传的，都是没做好的。比如宣传饭前便后要洗手，是因为大多数人没有洗手习惯，为什么不洗手？一是许多人还没有形成文明的习惯，也有许多人没有条件讲卫生，家里没有独用的自来水龙头，而且自来水很贵，于是，洗手等同于奢侈。"不干不净吃了没病"，则是不讲卫生的盾牌。

当年每条弄堂的墙报上，总是有爱国卫生的宣传："以讲卫生为光荣，以不讲卫生为耻辱。"

讲卫生是最基本的文明，谈不上光荣与耻辱，但是不讲卫生后果很严重，最严重的后果之一，是肠道寄生虫病大举入侵，成为几十年间的年代病。真是滑稽，当人还不够吃、面黄肌瘦时，却很慷慨地在自己肚子里养了一大堆寄生虫。罪过啊。

当年小学生有个不很文雅的顺口溜，唱出了蛔虫的肆虐："报告小队长，今天我请假，请个什么假，我的屁股痒"。

幸好有一种特效药，让孩子喜欢，那就是宝塔糖了。似乎为了宝塔糖，肚皮里有蛔虫也值得。宝塔糖形如塔，五颜六色，"糖"字还名副其实，是甜的。药房有卖。稍大的孩子，就自己去药房，和去食品店买什锦糖是相似的乐趣。宝塔糖所有的元素，都极其迎合儿童的心理。当然小孩子完全不知道，自己的弄堂嬉语，竟然直通大社会的市井风俗，还通向了中苏关系。

在中国，宝塔糖有一段传奇般的真实历史。

1950年代，蛔虫病在我国城市与农村都大面积存在。有一种对蛔虫有杀伤力的植物蛔蒿，可做驱蛔虫药，只生长在北极圈内。当时中国与苏联关系密切，从苏联引进了20克蛔蒿种子，由苏联提供提炼设备。只有20克蛔蒿种子，像煞是从太空带回来一样的珍惜。而后山东潍坊一家农场试种蛔蒿成功，为了保密，不让苏联老大哥不开心，对外宣称是"一号除虫菊"。

宝塔糖就此诞生。想起宝塔糖，就会想起弄堂、儿时游戏、粗劣的生活、脏兮兮的手，爱国卫生大家搞，瓜皮纸屑莫乱抛……宝塔糖治的是年代病，却也是年代记忆。

如此怀旧乡愁的宝塔糖，怎么像恐龙一样无声无息了？是否现在蛔虫已经灭绝了？

宝塔糖的降生是大红大绿的，蛔蒿大规模播种，导致严重积压，又缺乏科学保存的经验，连同蛔蒿的种子也被毁。而中苏交恶了，致使一代宝塔糖"断子绝孙"。

天时地利，倒过来说，是天不时地不利。宝塔糖断了蛔蒿，也是到了1980年代，大家的卫生意识提高了，肠道寄生虫不肆虐了；并且宝塔糖有诸多副作用，由新药取代了。

千回百转君已去，对人的健康当然是好事，吃得多也吃得好了，殊不知，一代肥胖也拉开序幕。每个年代都有需要攻克的难题，等到难题攻克了，一个年代也就翻篇了。

原来以为，肠道寄生虫已经消逝。忽一日看了韩国电影《寄生虫》，几十年前宝塔糖画面随之浮现出来，禁不住毛骨悚然。原来我们这一代人被迫"豢养"过的寄生虫危害，远远超过我们的想象。

一个富足优雅之家，来了个伪造学历的家教——一条寄生虫来了，而后寄生虫又引来第二条寄生虫、第三条寄生虫……骗子一家人完全寄居而生。

五六十年前，"你又不是我肚皮里的蛔虫"是以人人讨厌的蛔虫当作打击对方的利器，也是为自己辩解的回马枪。那么多年过去，人设反转，固然不再有人说人家是蛔虫，人家也听不懂了，但是真有人效仿着蛔虫的寄生，偷着乐呢。

谁都不愿意受骗，但是受骗常有。凡是蛔虫式之人必有绝招，三言两语间，揣摩到了主人的虚荣、主人的软肋、主人的渴求。极尽忽悠，虚构，夸张，套路……样样擅长之能事。旁人看得清清楚楚，只有可怜的当事人，早就忘记了几十年前脱口而出的那一句：你是我肚皮里的蛔虫啊！

　　千回百转君又来，只叹波洛不待见。

两种"八级钳工","钳"的作用是相同的,但是"钳"的目的走向了反向的两个极端。

被亵渎的"八级钳工"

如果去问问二三十岁的青春少年,何谓"八级钳工"?他们可能会懵懂,大约知道"八级钳工"应该是很有技术的蓝领工人,至于为什么要叫八级钳工而不是八级技工,没几个人说得清楚。更少有人知道,在上海,"八级钳工"被赋予过另外一种意思,是一类谁都看不起的人。

曾经采访过一位钳工劳模。我问他,工厂里有车工,有钳工,为什么有八级钳工而没有八级车工?为什么不用"八级技工"来统领?劳模打了个比方说,你家里用过老虎钳就知道,老虎钳可以把一根铁丝钳成各种几何形状,平面几何立体几何都可以,这就是钳工的本事,车工只是将原材料车成一个一个平面。专业水平的高低看出来了吧?在工厂,八级钳工向来是有专业考核的,是车钳刨的最高技术。

我又问,现在都是高科技自动化了,还需要钳工吗?劳模说,当然需要,飞机上有一些最细微的零部件加工,只能人工而为,波音空

一切工具放稳当,锯削用力要均匀。钻孔不要戴手套,女生戴好安全帽。安全生产不麻痹,失职造成是祸根。产品质量无缺陷,顾客服务无抱怨。

客也是如此。

倏忽间,我想到婴儿出生,有一种是用产钳助产的。通俗地说,婴儿顺产有困难,却不至于剖宫,医生会用一把产钳,夹住婴儿的脑壳部……婴儿出生后,会有一段时间,头顶上有一块突起,那是产钳夹过的缘故。

现在很少听说产钳助产了。手持产钳的医生,也应该是八级钳工。

八级钳工,曾经是一代上海青年工人的梦想。从60年代直至80年代中期,八级钳工是置顶的职业荣誉。有一手技术活,走遍天下。我采访过的那位劳模,因为是八级钳工,频频出差,跑遍全中国,还有出差补贴,吃香啊。

在八级钳工受到青年工人乃至全社会追捧之时,社会上冒出了另一种八级钳工——冲手,专门偷皮夹子的小偷。

那时候小偷是社会的顽疾,皮夹子是小偷最喜欢的猎物,皮夹子里有钞票呀。公交车、商店、菜场、马路上,人轧人的地方,必有冲手的神出鬼没。马路上经常有"捉小偷"的高喊,衬托着一追一逃,那是冲手失手了。顺便一说,彼时人员流动很少,小偷冲手都是上海人。

曾经有郊区农民,辛辛苦苦攒了好几年,到百货商店去买自行车。一眨眼,120元、一张自行车票连同皮夹子不翼而飞,农民为此喝农药自杀。所以,凡捉到小偷,一定是被众人暴打,再扭送到派出所。

"黑猫"就是在冲手极其猖獗的年代,出来当警长的。人人都知道对自己的皮夹子要严防死守,小心再小心,还是被冲手冲脱了。

冲手是该抓,不过冲手是真有偷皮夹子的本事,本事在冲手的食指和中指两根手指上。如果冲手从小学好,他会是个心灵手巧的人,凭着两根手指,可以去变魔术,可以去做工艺美术,说不定还可以当钢琴家呢,绝大多数人比不过他们的。坏就坏在了他们手巧心不灵。

有个屡次偷窃而坐牢的冲手,服刑后决心悔改了。他演示冲手作为八级钳工的"技术含量"。伸出手,他的食指和中指竟然可以一般长,不像我们食指明显短一截。问他为什么会一样长,他说是练出来的。他说,冲手要从人家袋袋里包里偷出皮夹子,不是整只手伸进去,这不是要"刮三"(沪语,被发现)的吗?是食指和中指摸进去,像把钳子,把皮夹子钳出来的。当作钳子的两根手指,需要尽可能的一样长。怎么练出来?手指戳到台子,顶到的是中指,食指再用力,练着练着,出手时两根手指就一样长了。还要练夹功,冲手两根手指夹一张纸,抽也抽不出来。

这就是"八级钳工"得名由来。"钳"的作用是相同的,但是"钳"的目的走向了反向的两个极端。一个是令人钦佩的工匠,为自己的立身之本和为社会的顶流奉献;另一个是人人痛恨的小偷,为自己的尊严全无、为他人的财产损失身心受害而贼头狗脑。

冲手还有一个更大的罪孽，他们"八级钳工"之称，偷走了正宗"八级钳工"之誉。"八级钳工"是高级专技职称，教授级别，但是被小偷玷污了，亵渎了。失手过的冲手知道，旁人背地里就是叫他"八级钳工"的，是对他的鄙视和防范。冲手很惧怕这个称号，这是他做小偷的烙印，但是因为他们的恶行，"八级钳工"也死死"钳"牢了他们。八级钳工被亵渎，是因他们而起，这笔账还是要算到他们头上去的。

小偷全世界都有，在上海冲手成灾之时，全国的大城市里小偷也一定风生水起。每个地方对小偷冲手大概都会有非常鄙视的绰号叫法，但是称之为"八级钳工"，很有可能是在上海，至少，上海是个源头，渐渐扩散出去的。

因为上海是中国最大的工业城市，在全上海人口800万的年代，产业工人有200万之多。"上海制造"的声誉，有许多是200万产业工人制造出来的，其中就有令人钦佩的八级钳工。如此大体量的产业工人，在有些城市，是全市人口的总和了。上海八级钳工的阵容，一定是最蔚为壮观，最讲得响的。

上海又是全中国人口最多的城市，商业街、公交车、商店，"贴邮票"式的人轧人，唯上海之最。荡南京路淮海路，总是要带皮夹子的，人流、皮夹子和小偷是正比例升降关系。若是人烟稀少的荒郊，只有强盗，冲手没戏。

因这两方面的全国之最，"八级钳工"皇冠，众望所归地落在了上海冲手头上，却成了一圈名曰"八级钳工"的紧箍咒。

两根手指一样长的老兄，立志重新做人，手指的灵巧却还有着深深的肌肉记忆。在监牢里，他折被子有棱有角，是狱中之冠，平日里他要做的生活是踏缝纫机。管教说，他的手势，他的线脚，就是比别人好，我们也是充分发挥他的特长。减刑出狱前，这个老兄说，再也不当"八级钳工"了,想开一个缝纫摊,用自己灵巧的手,去赚干净的钱。

回过头去想,给予冲手"八级钳工"之谓,有点上海人的年代幽默。

这个幽默,90年代后倒是幽默不起来了,很难听到了。上海大工业纷纷转型,八级钳工活跃的工厂关停并转,八级钳工没东西可以钳了。就算还在上班,八级钳工也没了往日风光。社会价值观天翻地覆,白领、经理、老板,俨然是社会上流,八级钳工,一身蓝色工作服,一双油污的手,工资也不高;一不小心就踏上了一句顺口溜的节拍:好男不上班,好女嫁老板,戆男戆女倒三班。

彼时,社会生活水平提高了,小偷冲手仍然猖獗。被偷的人,皮夹子很厚,但是承受能力强了,也想不到用"八级钳工"来诅咒冲手了。

再后来,八级钳工像熊猫一样的珍稀,且受到社会厚待,谓之工匠。"八级钳工"称号恢复到了最初的纯洁和荣耀,再也不会受到任何的玷污和亵渎了。只不过那么八年十年,从皮夹子里厚厚一叠两三千元百元大钞,到三张五张信用卡,突然间,没人带皮夹子了,出门在外,几乎没有一个"有钱人"了。"英雄"无用武之地,"八级钳工"有一些改行去做电信诈骗和P2P(网络贷)了。

用一个有科技含量的"土方",在冷饭里放点食用碱一起烧泡饭。酸碱中和——没有学过化学的主妇,却是懂得化学道理的。

隔夜饭这件事

中国最大的文化,不是酒文化,不是金玉文化,也不在床笫之间,是几千年中国人刚需之首:饭文化。

有一句过去几十年间的见面问候语,曾经每个中国人最为朗朗上口,唇齿间滑溜出来没有任何障碍:饭吃过了吗?即便是两个知识分子模样的男人,中山装笔袋里插了两支钢笔,见面握手,几乎是同一时间说了句:饭吃过了伐?吃过了吃过了。全世界都为之惊讶,据说有外国总统请教过中国领导人:中国人为什么见了面要问饭吃过没有?要是吃过了怎么样?没吃过又怎么样?

中国人自己都不怎么明白,这句问候语是怎么流行起来的,于是太老实地直译给外国人;实际上这句问候语应该意译,它相当于英语的 How are you——你好。只是,在这句问候语流行的年代,中国人真还是饭没吃饱。吃了饭的人,才有底气问对方饭吃过没有。

那个年代有亲戚到上海访亲,主人第一句问话一定是"饭吃过伐"。亲戚坐了火车轮船来的，既没有盒饭快餐，更舍不得去餐车，及至下火车轮船，总是饿了肚皮，确实没吃过。那就吃饭吧。中国人的好客总是好在吃饭上的。

从"锄禾日当午"的珍惜粮食，到"饭吃过伐"的知心问候，饱含了中国饭文化的底蕴深厚源远流长。如果说，粒粒皆辛苦是训诫，那么天天三顿吃饱饭，才是饥馑年代最期待的美梦。

米饭地位高，在于粮食的配给供应。晚上多余的剩饭，虽然没有冰箱，也一定不会倒掉，要留到明天，著名的"隔夜饭"应运而生。

隔夜饭每家人家天天都在吃，吃啊吃，居然吃出了"隔夜饭文化"，可谓是饭文化的子文化。

隔夜饭烧泡饭，是最常规的。现在的龙虾泡饭，只不过是"淘米烧烧夜饭，咸菜过过泡饭"加了龙虾而已。

隔夜饭也有蒸一蒸，或者炒一炒的，炒冷饭稍微高级一点。

常有开大会，领导说，我讲两句话，结果讲了一个钟头。领导过足了讲话瘾，员工却在开小会：格朋友大话空话，啰里啰唆，一点新内容也没有，都是炒冷饭。

电视台频道上百个，经常会听到老人不满意：电视台一天到晚炒冷饭，什么节目重播了不知多少遍，我背也背得出了。

甚至还可以揶揄某些著名作家艺术家，也包括当红歌星影星，一朝成名，而后便是从一招鲜吃到腌笃鲜，弄来弄去是老花头老套路，"冷饭"炒了几次了。

如今家里不再炒冷饭了，但是炒冷饭的人和炒冷饭的事，绵延不绝。

不管是泡饭还是炒冷饭，都是隔夜饭。

有人听说了某男某女的八卦，急忙忙还略带神秘的口气讲给人家听，有声有色，还添油加酱的，像是战地记者的现场直播。岂料人家手一甩：这是隔夜饭了好伐？前两天就满城风雨了，只有侬当是时鲜货。

隔夜饭和二手货不一样。二手货，货是旧的，却是有价值的，犹如二手房二手车。隔夜饭是自我感觉很好，以为人家都还吃不到的。

隔夜饭极其普通，丝毫没有高大上的印记，但是伺候起来，它倒是有脾气的。没有冰箱的大热天，隔夜饭隔夜难。剩饭极容易变质，所以家里必有竹编的碗橱，是隔夜菜饭的专橱。有碗橱，必有蟑螂苍蝇来蹭热点。"爱国卫生"口号有多响，也就意味着做起来有多难。也有贤惠的主妇会将一大碗剩饭放在小竹篮里，盖上大小合适的镬子盖头，悬空吊起来，高高在上，小竹篮透气，一夜过后，就烧泡饭了。

有时候，天实在太热，早上掀开竹篮，一股馊味扑鼻而来，只能倒了。早饭没有了，因祸得福，吃了大饼油条。

还有时候，隔夜饭有点酸，在馊与未馊之间。倒了不舍得，就会启用一个有科技含量的"土方"。将冷饭在冷水里过一过，再放点食用碱一起煮。酸碱中和——没有学过化学的主妇，却是"实践出真知"，懂得化学道理的。中和过的泡饭已经粥化，又不是粥，那就是"饭泡粥"，后来专门用来形容啰唆无度之人。"饭泡粥"很不好吃，只是填饱了肚子。

不是每一次"酸碱中和"的实验都会成功，实验失败，那就是食物中毒。常有这样的事情，上课时，一个同学面色越来越难看，紧急举手一路疾跑去厕所，而后请假回家了。

"酸碱中和"年代，食物中毒是最普通的疾病，没有什么难为情的，医生也不必看，一天半天弄清爽后，会好的。

历史的经验让我们记忆犹新：隔夜饭有可能是要吃出毛病来的。有个成语叫作"令人作呕"，在那个年代，令人作呕的主，就是变了质的隔夜饭，也发酵了一句俗语：隔夜饭也要呕出来了。

那么多年过后，生活水平有了质的变化，"酸碱中和"听也听不懂了。偶有食品中毒事件，大多是社会性群体事件，很少发生在谁的家里。真要是家里吃了变质的隔夜饭引起食物中毒，都说不出口，就怕引来带着不屑神情的关心：隔夜的东西就不要吃了呀，不卫生也不健康，阿拉屋里，每天晚饭吃了有多，全部倒掉……

隔夜饭淡出了，但是"隔夜饭也要呕出来"的人和事情，并不比任何年代少。其实任何年代恶俗之人都不少，吃隔夜饭的年代更是不少，否则也就不会在隔夜饭年代横空出世这么一句不太雅观的俗语。应该感谢隔夜饭，因为它可以用来编派恶俗之人。

特别肉麻，特别功利，是一种。对领导、对可利用之人，阿谀奉承，低头哈腰。公司年会时，有一个刚入行的小白领，茶水玻璃杯倒了大半杯白酒，走到领导面前说，领导，您就是我的再生父母，我敬您一杯。说完，他一饮而尽。旁人实在看不下去。翻胃，很自然冒出这一句。

无耻无赖，是一种。多年前，我在"甲方乙方"电视节目中做嘉宾，有关动迁、房产、户口……几乎每一次节目都会有如此的当事人，蛮横无赖不讲道理之极。忍不住拍案而起，也会冒出这一句。

虚伪，撒谎，毫无诚信，也是一种。这样的人还就在你我身边，虚伪可以嘴上一套心里一套，撒谎可以不打草稿，失信可以面不改色心不跳……这样的人，不就是馊了的隔夜饭？

还有一些事情，无关道德人品，也会看不下去。比如大叔油腻佯装克勒，大妈扭捏故作风骚，明星们不知所谓的造作……饥馑粗陋年代过去了，与饥馑粗陋同生而不同灭的愚昧、恶劣、可笑、无耻……仍旧蓬草盎然。每每见之，隔夜饭不至于，恶心是免不了的。

隔夜饭也要……还有第二层意思。隔夜饭并没有变质，而是说，恶行恶状之人，实在是太太太令人作呕。于是，你翻胃了；翻转的，不仅仅是今天的三顿饭，连昨天晚上的食纳也候（hold）不住了。这是令人作呕的最高级。昨天晚上的食纳，就是隔夜饭。

照这么说来，隔夜饭很无辜，因恶俗之人之事而被连坐那么多年，却又以毁灭自己的代价，创造了一句极其生动的市井俗语，入列了中国饭文化的浩瀚阵营。

> 在上海人的赤脚、上海人的市井和非洲人的赤脚、非洲战鼓之间,拉出了一根充满想象力的琴弦。

赤 脚 战 鼓

做一个纸面游戏,且让滚滚向前的历史车轮倒退一个甲子。一刹那便成历史,历史又是那么值得珍重。六十年前,也就是1960年代,赤脚和战鼓的历史,是在弄堂里唱出来的。

想起一首曾经人人会唱的歌曲,非常有节奏感:"东风吹,战鼓擂……"一旦想起,仿佛又听到了战鼓节奏:哒哒—嘚—噔哒,哒哒—嘚—噔哒。

歌中的"战鼓",很少有人说得清楚是什么鼓了。我问过些朋友,皆说战鼓就是我们见识过的锣鼓。

这是错解。战鼓不是锣鼓,和中国所有的鼓都没有关系。战鼓是非洲鼓。

六十年前,正值非洲反殖民主义运动风起云涌。非洲人有自己的个性方式表达自己的情绪,双腿夹了一个鼓,两手则是有节奏地拍打。为了表达对非洲兄弟的声援,才有了"东风吹,战鼓擂……"的歌曲。非洲鼓，也称之为非洲战鼓。

非洲天气太炎热，当地人素有赤脚的习俗。1960年罗马奥运会，埃塞俄比亚选手阿贝贝比基拉，赤脚跑完42公里195米，获得当届奥运会马拉松冠军，他也是第一位获得奥运冠军的非洲选手。

当时的绝大多数中国人，并不知道有什么奥运会，不过听说过非洲人是赤脚大仙，还很多次在新闻纪录片里，看到过非洲兄弟是赤脚敲战鼓的。看的时候，还有一个很淳朴很强烈的愿望：去非洲支援正处在水深火热战火之中的非洲人民。

差不多过了六十年，一位记性特别好的大叔去了非洲，当然是去旅游，见到了年幼时在新闻纪录片中见到过的非洲鼓，顺便也涨了知识：非洲鼓是西非曼丁文化的代表性乐器；1964年，海政话剧团公演了话剧《赤道战鼓》；1963年，美国人拍过一部电影《非洲战鼓》（Drums of Africa）。所以啊，非洲战鼓的记忆深藏在心里。

大叔花了不少钱，从非洲背了一面回来。在家中偶尔兴起，赤了脚，双腿夹着非洲鼓，拍起来。腿夹得不够漂亮，节奏真就是六十年前的：哒哒—嘚—噔哒，哒哒—嘚—噔哒。

他跟着节奏哼起来，一旦哼出声，自己笑了。因为哼出来的，是他小时候的弄堂小调：哒哒—嘚—噔哒，赤脚—穿—皮鞋；哒哒—嘚—噔哒，赤膊—戴—领带。

大热天在家里赤脚，算得上是江南文化，还是美好的记忆，很寻常，就像咸菜炒毛豆，是三伏天的良品，一点不失面子。

通常是下午四五点，家家人家要拖地板了。这是最经济实惠的降温办法。一潽清水拖，热烘烘的地板阴湿了，房间降温了。没有空调没有电风扇，按照现在的流行语来说，上海人三伏天的夜里，就靠这一把清水拖续命了。小孩子还特别喜欢拖地板——人是亲水的动物。

拖过的地板，赤脚踏上去，说是享受一点不为过，更小的孩子已经洗了澡，直接在地板上嬉戏了。

"赤脚大仙"的美称，绝对不是看了非洲长跑健将后"山寨"而为，就是上海人的生活本真，要是去江南农村走走，每个农民都是赤脚大仙。

恰恰，上海人的赤脚年代，听到了非洲战鼓，看到了非洲人赤脚，因之，在上海人赤脚、上海人市井和非洲人赤脚、非洲战鼓之间，拉出了一根充满想象力的琴弦。

想象力之一是赤了脚穿皮鞋。

在赤脚年代，皮鞋是名副其实的奢侈品，只有原先的资本家家里有几双皮鞋，劳动人民只穿布鞋和跑鞋，不露趾不露底已是荣光。梦中倒是想着穿双锃锃亮的皮鞋，拉风的，就像水晶鞋的童话一样。

某天，其实是很多个某天，雷暴雨过后。资本家家里的小开回家，出门时皮鞋，回来马路弄堂涨大水了，虽是小开，也不舍得皮鞋当雨鞋。于是，赤脚踏在水里，袜子塞在皮鞋里，皮鞋拎在手里，还有一只手撑伞，淋过雨的头发，有一缕耷拉下来，平日里的风度一点也看不到了。

雨巷可以是戴望舒自恋式的：撑着油纸伞，独自/彷徨在悠长、悠长/又寂寥的雨巷/我希望逢着/一个丁香一样的结着愁怨的姑娘……

雨巷也可以是赤脚小赤佬起哄式的：哒哒—嘚—嚓哒，赤脚—穿—皮鞋……唱出来的，是非洲战鼓的节奏。弄堂口屋檐下游戏着赤脚小赤佬，最欢喜看到的正是穿皮鞋小开的狼狈。

夏日雨后此景，当年极是普遍，不知怎么会唱出非洲战鼓式的小调：哒哒—嘚—嚓哒，赤脚—穿—皮鞋……其实，少年若是穿了双新一点的跑鞋、松紧鞋，包括工作后穿的廉价猪皮皮鞋，遇到涨大水，也会仿着小开，脱下鞋，赤脚撩大水回家的。大水是龌龊的，撩大水是开心的。回到家里洗脚，肥皂起码擦三遍，家长还会表扬孩子懂得爱惜，上升到美德。爱惜物品，爱惜粮食，回想起来，只是缺吃少穿年代的必须，如同2022年4月的上海，市民连发黄菜叶都舍不得丢了，这算不了美德。日子好过了爱惜才是真正的美德——"富贵不能淫"就是这个意思。

赤脚穿皮鞋是想象力，而赤膊戴领带除了想象力，更兼有世象的荒唐。

西装是旧日上海的遗迹。六十年前，所有男人皆是中山装青年装两用衫，作为十里洋场的象征，西装只配静静地挂在昔日有钱人的衣橱里。

有位西装的主人，很多年后已是鹤发老者，还记得自己的几套西装：一套深藏青隐条，是出客穿的，一套华达呢是结婚时培罗蒙做的。新社会了，皮鞋还可以派上用场，西装再也没穿过。每年只有伏天里，拿到晒台晒晒，又挂起来。年数多了，西装面子依旧挺括，到底是全毛的，不过夹里已经有点烊了，有了破口，补也没法补。人也常常像是一件西装，面子很好看，夹里一塌糊涂了。老者轻轻感叹。

忽然有一天，西装主人落难受迫害了，也殃及到了西装。一件件从衣橱里被扯到弄堂里，当众撕剪，西装主人则是被叫到弄堂。西装主人夏日出门，定当整整齐齐，短袖衬衫穿好，连拖鞋都不出门的，风凉皮鞋也要穿了袜子的。那天他听从指令，拖了拖鞋，只穿了居家的汗衫马夹，站在弄堂中央，有人给他头颈上缚了根领带……

后面的戏文都猜到了：哒哒—嘚—噔哒，赤膊—戴—领带。与"赤脚—穿—皮鞋"一气呵成。

西装没了，领带倒还是有一把。皮之不存，毛将焉附？物尽其用的年代，即便是毛，也有毛用。领带扎拖把，算得上废物利用。老洋房和老公寓里，那时节用领带扎拖把绝非一家两家。领带的宽窄长短，很是合乎拖把布的要求，比起破汗衫破被单扯开来扎拖把，高级了不知多少倍。

只是，拖起地板来，马上觉得高级拖把一点也不接地气，水是绞不干的，完全不像破汗衫破被单拖把，又吸水，又绞得干。正所谓虎落平阳遭犬欺，领带拖把无人喜。

当领带拖把晾出去时,又迎来了欢快的节奏:哒哒—嗯—噔哒,赤脚—穿—皮鞋;哒哒—嗯—噔哒,赤膊—戴—领带。

历史车轮回到六十年后,皮鞋最流行的穿法,便是赤脚。历史是开着玩笑滚滚向前的。

倒看望远镜,越看越遥远。

与各类刮彩相交相处，很有"腻兴"感，不过，就此汇集成谈资，茶余饭后彼此说起，各报各的料，绘声绘色，将小家败气之人当作笑料，简直是"开心果"。

娘舅的权重和心思

城里城外，贫富贱贵，都有小气之人，俗称"小气鬼"，文雅谓之铁公鸡。

上海这几种叫法都有，小气之人上海从来不缺少。除此之外，上海还有自己的叫法：刮彩，老刮彩。

或许其他地方也有"刮彩"之说，但是上海人这种叫法更多一点。

因为上海可以刮的彩更多一点。这涉及大上海十里洋场和海派文化了。

刮彩刮彩，刮的是彩。彩从何来？彩是涂抹在各种器物上的颜料油漆。上海的十里洋场，灯红酒绿，炫目的恰是一个"彩"字。每一条弄堂每一幢房子，门窗都是上漆的，既是防腐防蛀，也是体面。漆是刮得下来的。

城市总是有公共空间和更多的人际关系空间，公共空间和人际空间，必有模糊的利益地带，有些地带还特别"明媚"，谁动点小心思，像在人家门上刮点漆一样，就可以占为己有的。

"刮彩"常常还要加个老字，老刮彩不是年纪老的刮彩，是资深刮彩，老吃老做，面皮厚，不怕难为情。

阅读到此，定当联想到了身边的某人了吧。如果早已疏远，是小小的庆幸，如果还是在甩不掉的生活状态中，实在气不过，吃不消，又无奈何。

说个不很远的故事。在要付现钞的出租车年代，四人合乘，某人总是很巧地坐在后排，到达后，几个人抢单，他也像是抢过，手缩短一截，抢不过人家。这是刮朋友的彩。

说个远点的故事。有些年，很多人家浴缸里放个面盆或者水桶集水，水龙头一滴一滴像打点滴。据说"滴水穿石"水表是不转的，辛苦点，一桶一桶集水。这是刮社会的彩。

再说个不远不近的故事。发生在大家庭里，总会有人不出力，不出钱，只出嘴。这是刮亲情的彩。一家人家的亲情被刮着刮着，亲情之彩就刮没了。

本能地算人家算自己。在电脑问世时，他们被叫作计算机，后来有著名会计师事务所了，他们也跟着被叫作精算师。

刮彩，也可以叫作刮皮，还可以叫作刮鱼鳞。

与刮彩刮皮相比，刮鱼鳞有独特的鱼腥气。几十年前菜场有刮鱼鳞小摊，摆在卖鱼摊边，为买主刮鱼鳞去肚肠，剪头去尾。刮鱼鳞是免费的，因为刮下来的鱼鳞和鱼肚肠有回收，还可以当作猫鱼出售。后来"刮鱼鳞"引申为任何事情，只要经某人之手，工作也罢，合伙也罢，托他办件事也罢，不刮一层鱼鳞，是不放过的。

与各类刮彩相交相处，很有"腻兴"感，不过，就此汇集成谈资，茶余饭后彼此说起，各报各的料，绘声绘色，将小家败气之人当作笑料，简直是"开心果"。

把与之交往时不舒服的人讲出来，是一件很舒服的事情。这种舒

世人却不知城里和城外都有老刮彩，为了己辉煌，争名又夺利，以为人不知，曾经现在有，都会终为土。

服很奇妙，刮彩者没有为亲为友的价值，但是他们所作所为，有当作艺术欣赏的价值。

巴尔扎克《欧也妮·葛朗台》中的葛朗台，是世界级的老刮彩超级大咖了，后来"葛朗台"成为一个专有名词。

在文学著作中，老刮彩人物很多，你会忍俊不禁。这是作家写得好，也何尝不是刮彩很富有喜感？他们是喜剧人物，他们用自己的精算、刮彩、小格局，创造了为天下笑的笑柄。刮彩者没有想到的是，他们的刮彩素材，没有拿到任何创作基金，亏了。人品之亏，是更亏。

上海人在说到老刮彩时，还常常再附带升级版：老刮彩的娘舅，意思是比老刮彩的辈分还要大，资历还要深。

为什么比老刮彩还要老刮彩的是娘舅，而不是叔叔伯伯孃孃阿姨？还有，到底是老刮彩有个娘舅，还是娘舅就是老刮彩？

在中国传统文化中，娘舅是一个断是非权重的角色，是一个德高望重的长辈，也是中国家族文化中极有个性的环节。"外甥点灯笼——照旧（舅）"是一句歇后语，但是也隐含了外甥对舅舅敬重。被敬重的娘舅，怎会沦落到与老刮彩为伍的地步？

中国的农家，且说江南吧，多有田，有房，有牛，有粮，更有多子多孙。只是再兴旺的家族，一家之长，也会离世，留下了子孙满堂，也留下了分田分家。农村有农村的继承族规，只有儿子有继承权，女儿的继承权是随夫家的；作为责权合一，儿子赡养父母，女儿则在夫家伺候公婆。因为这样的继承传统，舅子和姐夫妹夫就少了恩怨。

到了姐夫妹夫离世，外甥之间要分家，除了规矩之外，总有说不清楚的财产分割。谁来主持公道？娘舅。娘舅既是长辈，熟知姐妹婆家的来龙去脉，又是完全游离于利益之外的人。没有利益也就没有了私心，不像叔叔伯伯本是恩怨之人。两个外甥再面红耳赤，再拳脚相加，娘舅摆一句话，是谁的，就是谁的。娘舅是实际上的法官。

娘舅文化的乡风，有一部分吹到了上海。邻居间、单位里，常有不开心之事，吵得不可开交。忽有人请来了双方都买账的劝和者，也就是老娘舅来了，三言两语，摆平了双方。

在如今刀光剑影的"老娘舅"节目之前，真有一个系列剧"老娘舅"，由已故滑稽戏名家李九松主演。这才是本真的老娘舅，学历不高，钱不多，热心人，戆噱噱，一条弄堂都叫他娘舅，却忘记了他的大名。

可惜，前世李九松版老娘舅，到了今生，是律师老娘舅了，戆噱噱的热心人退出娘舅舞台了。

要是老娘舅的电视节目，请出当事人的老娘舅来调节，充分体现中国家文化的仁义礼智信，岂不更好？

好不起来。城市的法律和城市的市井，剥夺了娘舅的裁决权。按照继承法规定，女儿和她的兄弟同样拥有了继承权，使得做舅舅的男人和外甥可能处于家族矛盾的对立面。很有可能他的一家，就在和外甥一家争夺承租人的权利，在吵闹遗产的归属。经常可以看到某方的当事人，也有做女婿的声嘶力竭。如此之人做了娘舅，对外甥，当然不具有公信力了。

而且，凡是女婿赤膊上阵，也包括媳妇大吵大闹，大多是"撬客"，是心思不正、品行不端之人。轮不到他出场，吵着要出场，是什么？

是老刮彩的娘舅。

在城市里，传统的家族化生存没有了，家族的规矩也消逝了。娘舅只是一个市井的角色，或有好，或有不好，就像叔叔伯伯也是一样。只是娘舅的传统美德还被牵记着，叔叔伯伯若动坏脑筋，好像合常理，一旦娘舅有坏心思，会让人更加鄙夷。

老刮彩娘舅的意思是，若某个男人有个外甥是老刮彩，那么他的刮彩"道行"一定比外甥深。若他是老刮彩，外甥倒不是小刮彩，那么，他便是穿着娘舅外衣的老刮彩，一不小心，外甥要输给他的。

还有一条社会潜定律，可以视作对老实外甥的启蒙：每个好娘舅的背后，一定有个更好的舅妈；每个老刮彩娘舅的背后，一定有个极其恶俗的舅妈。是不必叫她舅妈的了。叔叔婶婶亦可以同理正反相推论。

如若李九松版老娘舅闻之，不开心了。李九松撸撸没几根头发的头顶讲：讲我戆嚗嚗我不生气，哪能好讲我是老刮彩？嫩娘版老舅妈更不答应。

无价至尊可以有反向的两个理解,失诚者将诚信的无价视作没有价值,比不过失诚获得的利益;讲诚信的人将诚信视作无法以价估量的至尊。

谁放的臭屁

谁放的臭屁?震动了大地!大地的人民,拿起了武器,赶走了臭屁,取得了胜利!

不雅,但是押韵,特别符合小赤佬的起哄,也特别符合那个年代的食品结构、文明修养。

经常有这样的起哄。大多是冷天。课上到一半,突然从某个课桌椅下方发出了"噗……"的长音。有时也会发生在看电影的时候。

瞬间便有了连锁反应:谁放的臭屁……

那个年代粮食限制供应,不仅要吃面粉,还要吃山芋。这些都有通气功效,吃多了,来不及呼吸道通气,就要下出口排气了。

饭都没吃饱,文雅体面便是奢侈,还会遭轻侮。从孩子到大人,不善矜持,反喜放肆。"放屁是人生的自由",是用来反击起哄的。

隔着很长久的年份，闻一闻"谁放的臭屁"，闻到了其中的多重味道，尤其是隐藏着的年代元素。不再是臭屁，更像是一坛陈年的酒开封，曾经的生活、品格、文化、甚至世界风云，一缕一缕飘了出来，远远超出了市井俗语的能效。

小孩子在起哄时，自己也不知道，"放屁"向来是有明确指代的。当它是"屁话"的时候，"核当量"就大起来了；当"放屁"定位在是非的三八线时，它不再是生理功能，而划归道德人品范畴。

同学间、同事间、邻里间，亲情间，恶吵起来，会指着对方鼻子开骂：你放屁！对方也是同一个模板回击：你放屁。可能是有一个人在放屁，也可能两个人都是放屁。骂来骂去，是没修养，不过即使在联合国，穿了西装辩论，用词极其文明，很多争斗的潜台词，和市井一样：你放屁！是你放屁！

这个课题很大，中断一下，先将其他几个重要元素略作罗列。

放屁可以震动大地？太抬举放屁了。可以震动大地的，只有地震。1966年，邢台发生6.8级大地震，伤亡严重，是唐山地震之前最严重的一次地震。将地震嫁接于俗语似乎牵强，但是邢台地震的年代节点，与山芋当饭吃的年代不谋而合，催生了想象力。说明当时小学生很关心国家大事，很善于理论联系实际。

小学生自认是人民一分子，口气更大了。也是同一个年代，全世界正处于亚非拉独立运动风起云涌之时，亚非拉人民，拿起武器，赶走殖民统治，取得最后胜利。"国家要独立，民族要解放，人民要革命"的著名论断，因之诞生。

交代了放屁的时代背景，可以立体地说说放屁和屁话了。

不管什么年代，屁话都回绕在每个人的耳边。人人都会说讨厌屁话，但是讨厌屁话的人，多也说过屁话、甚至还是屁话连篇的人。

屁话不绝于耳，在于屁话花式繁多，且屁话总有屁话的作用。

仅举几例。

一种屁话是胡话。胡话本是神志不清的话，生活中则是脑子进水的话。上海话中有个市井词语"拉讲"，是形容说胡话的。遇到上级来检查，面孔潮红抢着表决心的，基本上是拉讲朋友，表忠心要做到的事情，像喜马拉雅山一样高，又是数据，又是未来，上级被逗得频频点头。不过他的同事太知道底细了，拉讲朋友，只放屁不出屙。

曾经有家网络公司，十几年前算是大鳄，进驻了一家媒体，宣誓三年内做到全中国知名度第一，发行量第一，广告第一……大展宏图，气宇轩昂。媒体老员工呵呵地窃窃私语：屁话有啥讲头？这种屁话，侮辱不大，伤害很大。三年过后不是第一，而是奄奄一息。

还有一种拍胸脯朋友，不管什么难事，进名校、看医生、找领导，都有办法。不是坏人，也不图私利，可惜他的热心和办法是两根平行线，永不相交。最初遇到这种朋友，心里一热，不过没下文的；后来在朋友圈里沦为常态化的笑话。他一拍胸脯，旁人就支牢伊：屁话少讲，吃酒！

如果说，这类屁话基本出自"脑子进水者"，那么，假话谎话连篇的屁话，几乎是年中无休的零距离存在。

诋毁对方，编派对方，是需要假话做匕首的；为自己狡辩，为自己评功摆好，是需要谎话做化妆品的。无中生有、信口雌黄的屁话，一个接一个放出来了。比如说，双方说好了一件不很大的事情，那就是君子一言的约定。偏偏一方赖了，我没有说过！我从来没有说过！你瞎讲！其实这件事好几个人都知情，他心里也清清楚楚，一点没有失忆。

很像是索尔仁尼琴的那一段名言了：他知道他在撒谎；我们也知

道他在撒谎；他知道我们知道他在撒谎，我们知道他知道我们知道他在撒谎，但是他还是撒谎。

诚信向来是"无价至尊"。无价至尊可以有反向的两个理解，失诚者将诚信无价视作没有价值，至少比不过失诚获得的利益；讲诚信的人将诚信视作无法以价估量的至尊。在讲诚信的社会里，如果一个人失诚于人，那么他如同行尸走肉，没有一个朋友圈混得进去，因为没有人愿意与失诚者为伍。这就是一个社会的三观底线。失诚者的屁话，是失诚者脸上永远的烙印。

有过一部阿尔巴尼亚电影《宁死不屈》，电影很差，却有一句台词记住了："墨索里尼，总是有理"。这句台词和"谁放的臭屁"形成了绝妙的呼应：遇到哪一个"小吊模子"强词夺理、乱话三千，欧版的嘲笑是"墨索里尼，总是有理"，上海版的炸弹是"谁放的臭屁，震动了大地"。如果是欧版和上海版的"双浇面"，口味更绝。

最严重的屁话是瞎话。在中国的成语里，可以找到很多：指鹿为马，混淆黑白，无中生有，甜言蜜语……瞎话往往也是鬼话，都像是下巴没有托住的，但是照样有人会受骗的。

"指鹿为马"这个成语的出处，就是鬼话的经典。秦二世时，奸臣赵高要在群臣摸底，自己是否已经威越秦二世之上，令人牵了一匹鹿上朝。秦二世问为何要牵鹿进来，赵高说，牵进来的不是鹿，是马。秦二世惊愕，问群臣，群臣皆说，确实是马。如果要做中国瞎话鬼话排行榜，"指鹿为马"可夺魁首。

成语是夸张的，但是夸张像一面魔镜，千百年后，还会让一个个指鹿为马的人显形。到了欧版的指鹿为马，就是皇帝的新衣了。

满口瞎话鬼话式的屁话，不是谁想放就放得出来，是要有"屁话资格认证"的。需要有居高临下之强势，需要有煮迷魂汤之本事，需要有靠瞎话鬼话续命之气质。

我们小时候听过不少瞎话鬼话，一开始信以为真，时间长了，瞎话鬼话原形毕露：听上去花好稻好，看过去破壁残垣。于是，任凭伊哇啦哇啦，我们照样嘻嘻哈哈：屁话又要乱讲了，真当阿拉是戆大。

1976年元旦，《人民日报》刊登了毛泽东的《念奴娇·鸟儿问答》。其中有一句，每个人都过目不忘："不须放屁，试看天地翻覆。"

顿时，少年觉得自己的"武器"更加有力量了。第二天放学，还没有出校门，就开始合唱了：谁放的臭屁？震动了大地！大地的人民，拿起了武器，赶走了臭屁，取得了胜利！

错过的不一定是错

却一定是命

错过是遗憾

说不定也是幸运

只在乎错过的是什么

一个错过会导致另一个错过

没错过，等于没对过

没错过，等于没活过

逼仄的空间，挤迫式的天地，粗陋的表情，嘈杂与骚动……无疑是错过了上海的妩媚上海的安逸，不过恰恰是缔造了最有画面感最有戏剧冲突的舞台。人人都在本色出演——只要一个人尚未演完人生戏剧中最后一幕，就不应该说他幸福或者不幸福。

亭子间
春光秋色

不是石库门住家比人家勤劳，而是他们要将早晨的时间长度最长化，为的是将石库门逼仄的空间最大化。

"猫宁靠"的肌肉记忆

对于石库门来说，一日之计在于晨，再恰当不过了，甚至这个"晨"比住楼房的来得更早，月明星稀之际，石库门的一日之计，便是在弄堂的路灯下铺张开了。

唤醒石库门的"猫宁靠"是两款声音。一款是悠扬的"马桶拎出来"，称其为悠扬，因为这声音拖了长音，听见了，主妇们可以早做准备。还有一款"猫宁靠"不是人发出来的，是瓶与瓶之间相碰的声音，短促而富有美好的幻想，这是送牛奶车来了，上百瓶牛奶还有空瓶，在石库门弹格路弄堂里一路跳舞进来。在贫穷年代，"牛奶"两个字背后，蕴含了数不尽的美好幸福浪漫富裕。虽然吃牛奶的人家也是要倒马桶的。石库门有大弄堂小弄堂，都是相通的，而且还通向不同的马路，称作活弄堂，加上石库门住家的隔音比较差，所以，这两种声音早晨还只是刚刚进入弄堂的远端时，一整条弄堂全听到了。

而且石库门也需要这两款"猫宁靠"，因为一日之计在于晨，不是石库门住家比人家勤劳，而是他们要将早晨的时间长度最长化，为的是将石库门逼仄的空间最大化。

因为厨房间是公用的，卫生间是没有的，水槽——当年叫作水斗，也是公用的。所有的住家，所谓的"七十二家房客"，几乎都是双职工和要上学的学生，早晨一片忙碌，还要排队。于是，大家将弄堂当作了厨房间洗手间的延伸，将原本有点私密的事情放在弄堂里做，比如洗脸刷牙，比如涮马桶，大家都做了，私密的事情也就不私密了。最不讲体面的面子工程，以石库门的方式每天早上开工。

石库门里纠纷多，全是因为空间太小摩擦不可避免，拳打脚踢都是常见。不过，再狠的角色，早晨这一段很少挑事，即使昨天两家人家还吵过，早晨一般总是文雅得多。不为什么，只是早晨这段黄金时间太宝贵，惹事、吵架，最后吃亏的是自己，上班迟到要扣奖金，上学迟到要影响成绩。息事宁人吧。

石库门的水土，也养育了石库门的人。石库门女人，可能是上海最会操持生活的女人，做人做赤佬都会。每天早晨，一听到"猫宁靠"就起床了，老公要拖伊一把，还被她骂声"十三点"。一歇歇功夫，她们已经用好了痰盂，叠好了被子，到楼下涮马桶，荡痰盂，洗脸刷牙烧泡饭。她们差不多是同一个时间模式，而且相同的还不仅仅是时间模式，清一色的睏衣睏裤，清一色的有点夸张的文眉，金项链金戒指不用问，一定是24开的足金。手脚快得来要命，然后买小菜，吃泡饭，化妆打扮，出门。一歇歇功夫全套做好了，而且都不是坐着做的。用她们自己的话来说，一个早浪头，除了小便坐过痰盂，人做得火火热，屁股还是冰冰冷的，吃泡饭画眉毛，一坐也没有坐过。

女人们不知道，她们的手脚快，来自经年累月的"肌肉记忆"。在单位里也如此，还当上了先进个人和劳动模范。

> 石库门邻舍间的墙,"高配"是砖墙,"标配"是石灰墙,还有"低配",仅仅是一道三夹板,这往往是"七十二家房客"违章搭建搭出来的。

隔 壁 戏

"隔壁邻居"的本义,是两家人家可能并不是同一个门堂进出,两家人家烧饭洗衣上马桶间更是秋毫无犯的,算不上邻居。他们之为邻居,相邻的是一道墙壁。石库门这道墙,"高配"是砖墙,"标配"是石灰墙,还有"低配",仅仅是一道三夹板,这往往是"七十二家房客"违章搭建搭出来的。不管哪一种墙,都不隔音,决定了隔壁邻居的两隔壁是串音的。

隔壁邻居就此诞生,隔壁戏也应运而生。住石库门蓝领居多,人质朴,喉咙汪汪响,开心不开心的事情一开口,隔壁邻居也听到了。有些邻居倒也有热心,听着听着就接上去,尤其是讲到要托人开后门,讲不定贴隔壁邻居就拍胸脯了。远亲不如近邻,也包括隔壁邻居的。

当然大部分辰光,大部分人,隔壁戏听起来总归烦的。要是婴儿半夜啼哭,那是"自然灾害"没有办法,熬得出头的。受不了的噪声，除了喉咙汪汪响，还有他们家里的收音机了。这一边是要听京剧，那一家有宁波老太喜欢越剧，到了吃夜晚辰光，两家人家无线电就隔壁开唱了。修养好一点的，彼此音量都比较轻，修养差一点，就只顾自己了，加上宁波老太耳朵不好，无线电也是开得老响老响，京剧越剧就这样天天串台。还有时候，某一家无线电不好，电台调不准，"隔了隔了"居然也听得下去。

隔壁戏实在是无奈的生活状态。那些喜欢听戏的人倒是也习惯了，坐在无线电旁边，耳朵贴了无线电喇叭，或者去听矿石机了。苦就苦了要做回家作业的小学生，又不是流行歌曲听得下去，哪个小学生喜欢听传统戏的？那时候学生仔罪过的，不可能有手机听自己喜欢的歌曲，不可能有自己单独的房间做作业，连得那一张做功课的吃饭台，也只好用一只角，因为还有阿哥阿姐阿弟阿妹也要做功课。作业来不及，噪声杂音一天世界：妈妈在唠叨，爸爸在解释，阿娘在听越剧《红楼梦》"天上掉下个林妹妹"；隔壁夫妻在骂孩子，无线电还在唱《空城计》"我正在城楼观山景"……

这样的隔壁戏，虽然有噪声，还算是文明戏。最受不了的隔壁戏是打麻将和吵相骂。一场麻将不到深更半夜是结束不了的，一边打牌，一边还要高谈阔论，还要争。这一边的家长终于敲了敲墙壁，实际上是拍了拍三夹板：对不起对不起，阿好结束了伐？阿拉明朝还要上早班，还要读书。有种人家识相，虽然不爽就结束了。有种人家，本来已经输得不爽了，再有隔壁邻居来叫板，不开心了，誏里誏声。两家人家就此争了起来。

争归争，真有要紧事情，隔壁邻居还是帮忙。曾经有一独居老人，半夜发病，无人救援，拍拍板墙，连叫几声"阿五头"。隔壁阿五头被叫醒，踏了部黄鱼车，送老人到医院。这就是隔壁邻居。

天上星光灿烂，地上胡思乱想。真可谓，白天革命春雷响，夜里风情暗流动。

乘乘风凉，诵诵风情

乘风凉是弄堂每天晚上的联欢会。

乘风凉其实是很无奈的。住洋房楼房的家里条件好，是不屑到弄堂里乘风凉的。石库门一个亭子间可能住了四五个人，冬天挤在一起足以抗寒，夏天就没有办法了。亭子间朝北，太阳晒了一个下午，桌子椅子发烫的。空调？那时候听都没有听到过，连电风扇都没有，一家人家怎么睡得下？况且，这不是某一家人家特有的困难，是整条弄堂，整个上海共同面对的夏天。尤其是到了六七十年代，人口急剧膨胀，乘风凉就是这样苦斗。换到了今天，哪怕是初来乍到的农民工都吃不了这般苦的。

但是乘风凉本身是欢乐的。工作读书的疲劳，酷暑的苦熬，生活的窘迫，精神的苍白，到了夜里，竟然像天上的云彩，轻松起来，而所有的轻松依赖一个天然的平台，那就是弄堂，弄堂乘风凉。如果说，白天的石库门吵闹，犹如开挖马路的挖掘机令人烦躁，那么夜里的弄堂恰是轻音乐一般美妙。

石库门乘风凉,有着联欢会的特质:有人气,有铺垫,有高潮,有余韵,还有美丽的意外。

下午五点钟过后,第一盆冷水浇到了还是火烫的弄堂石板地上,乘风凉便开始了铺垫,而后是小台子,小菜也摆上来了,咸菜毛豆,油氽花生米,乳腐,番茄冬瓜汤。饭就是茶淘饭了。上海人一直习惯将白开水叫作茶,冷茶热茶,就是冷开水热开水,真要是茶了,那是茶叶茶了。上桌吃饭时,小孩子都已经洗过一把澡了,头顶头颈身上扑了很多的痱子粉,被大人嗅了又嗅,还啧啧称香。条件好一点,有一杯散装啤酒,赛神仙了。扇子摇摇,闲话讲讲,一家家人家基本上各自为政。也有欢喜闹猛的朋友,饭碗里夹了菜,站起身去流窜邻舍,甚至会到隔壁小弄堂讲聊天。

夜饭吃好,饭桌改成牌桌,躺椅并排并摆好,乘风凉的大戏就算开演了。

有人在打四十分,有人在下象棋,有小青年在弄堂口唱歌,有小姑娘路过就吹吹口哨。

更多的人躺在躺椅上,看看天空,那时候看得到星星,也知道北斗星的方位;看看夜空的云,所有的联想都随着云聚集,随着云浓浓淡淡。所谓的"发呆",在乘风凉时候,是最无拘无束的,是最惬意的。

渐渐有风吹来,小孩子在汰衣裳板上睡着了,老人听着半导体也睡着了,手中的芭蕉扇还在摇了摇,只有打牌那些人正杀得起劲,赤膊上阵了。

乘风凉到了余韵绕弄堂的时段了。千万不要以为此时弄堂心静自然凉了,自有心不静的人。躺椅一把把,男女并排并,很多对弄堂恋人就是这样轧出来的。国家大事弄堂小道,天上星光灿烂,地上胡思乱想。真可谓,白天文革春雷响,夜里风情暗流动。第二年又是几对弄堂青年要发喜糖了。

夫妻老婆店店主一口"石骨铁硬"宁波闲话。冷天时,柜台上方木窗玻璃移门还有一小格是活络的,有生意打开,没人来关拢。

天地同和,心向远方

过街楼是石库门的标识。

弄堂两边是房子,但是弄堂口第一排的两边房子是连起来的,连在半空中的房子,就是过街楼了。过街楼名字起得很海派,明明是弄堂,明明是和弄堂两边的房子连在一起的一间房间,却是叫作过街楼。也有些石库门直弄堂横弄堂之间也会有过街楼。

过街楼是住人的,同时也天然地成为一把遮风挡雨避毒日的大伞,弄堂口的小摊头就在这一把大伞下,把小生意做得火热。

凡有过街楼的弄堂,便会有鞋匠、白铁匠、锁匠,老裁缝,小剃头……在过街楼下做着安分小生意,远近都会有人来。修鞋子钉鞋掌的生意少了,锁匠摊倒还在,不过挂了半墙的电动车防盗锁,一副防江洋大盗的样子,和弄堂原本出入不关门的民俗,完全不般配了。

石库门弄堂口最经典的摊头搭配,是剃头摊和皮匠摊,皮匠摊就是修鞋摊。这两个摊头,剃头在高空行动,修鞋在地面铺张;剃头摊碎头发飘飘落，修鞋摊敲鞋掌叮叮当当。两个行当不同，嘴巴却都空闲着，可以边干活边讲账的。这些是巧合，但是巧合里面有传统文化的传承。剃头摊是空中作业，谓之"天"，修鞋摊是地面部队，称之"地"，天地当然相配，叫作天地同和。这一个石库门路数，我是从我的朋友和同事王承志长篇小说《同和里》中学来的知识。

弄堂口有了剃头修鞋，当然便当，尤其是过街楼，真是天然大伞，夏天有穿堂风，阴凉，到了冬天，剃头摊和皮匠摊会自顾自地拉起一条破棉被，挡住了西北风，生意是一年四季不断的。除此之外，剃头摊和皮匠摊还衍生出一个最重要的功能，信息中心，弄堂里啥人家儿子考上大学，啥人家女儿轧朋友了，啥人家男人生活腐化了，啥人家女人作天作地了……

信息汇集和发布，都在剃头摊和修鞋摊完成。两个摊的"客户"都有足够的时间坐下来八卦，而后又通过老江北（剃头师傅）和小山东（修鞋匠）传播给后来的客户……闭塞年代，也自有信息通畅的渠道。而且信息中心有嚼舌头，也有传好话。有家人家男人生大病了，女人老实，不善诉苦，信息中心一广播，全弄堂人家都拿出了钱。

弄堂口有小摊头，弄堂口还有烟纸店呢。小摊头的弄堂口是在弄堂之内，烟纸店的弄堂口是在出了弄堂一转弯，它的地理概念就是弄堂口——这也是小时候大人可以差遣自己的小小孩去买东西放心得下的地方。烟纸店是很奇葩的所在，一开间门面，五六块排门板，店里一个老头或者一个老太，居然店里样样都有。滑稽戏里有段绕口令：牙刷牙膏香肥皂，木拖板压发帽，练习本卷笔刀，阿司匹林电灯泡……唱的大约就是烟纸店了。

夫妻老婆店店主一口"石骨铁硬"宁波闲话。冷天时，柜台上方木窗玻璃移门还有一小格是活络的，有生意打开，没人来关拢。店主面对马路，背靠一张当门帘的被单，被单后面便是店主的卧房了。烟纸店的格局大都如此。

烟纸店还有公用电话和邮票。若用现在的工商登记来要求，烟纸店的经营范围肯定是违规的，但是邮票和公用电话，恰恰是当时老百姓的亲情传递最重要的渠道。后来电话业务扩大了，也会单例在石库门过街

飞机飞呀飞，回来到何时，明天不可追，今天须珍惜。

楼下造一个木结构的电话亭，那是在剃头摊和皮匠摊淡出石库门之后，原来由"天地同和"担当的信息中心功能，全部由传呼电话亭接盘，信息扩散能量，有过之无不及。至于烟纸店的邮票，是烟纸店时代的一笔常年生意。不要想到集邮纪念邮票，烟纸店只卖普通邮票的。普通邮票是用来满足普通老百姓的不普通需要的。

张家男人支援三线建设，王家男人去了边疆，那年头夫妻分居直到男人退休回上海，是普遍的事情。除了春节探亲，他和老婆孩子的联系全部是靠8分邮票的平信实现的，而他们的儿子女儿，小小年纪学会了写信。电视剧《人世间》里也有这个情节。通常他们的妈妈，也就是男人的老婆不自己写信了，不是不会写，是没时间写，况且信里不可能写出心里话的，让小孩子写信报个平安就是了。

在烟纸店这一边的人行道上，还会有一只墨绿色的邮筒，小孩子先是在烟纸店买了信封和邮票，写好信，封好信封，塞进了邮箱，向一年回来一次的父亲汇报学习成绩。

收到信的男人，如果那时候也知道了余光中后来写的《乡愁》，说不定就会这么写：乡愁是一枚小小的邮票：老婆在过街楼的床头，我在内蒙古的包头。

淳朴老头老太也有被"吃豆腐"的时候。

今朝天气暖洋洋

除了二楼前间是正正式式朝南,冬天太阳晒得进房间,石库门其他房间基本上冬天太阳晒不到,夏天南风吹不着。这也是为什么,石库门有"万国旗"的风景,从床单到尿布都要晾到弄堂里的原因。不仅是自家房间小,也是自家房间里没太阳而且还潮湿的缘故。

夏天天气热,每家人家都在弄堂里做市面。冬天晚上什么市面都没有了,都缩到自己小房间去了,但是冬天也自有冬天的市面,冬天的市面也自有冬天市面的风情。那就是孵太阳了。

早上九点敲过,孵太阳的一个一个出来了,搬个小椅子小凳子,外加一条小棉被当棉垫,在弄堂前门人家门外一边坐了下来。

九点过后"纷纷出笼"既是地利也是天时。一清早还在做家里杂七杂八的事情,有得好忙了,而且那时候,弄堂里只有西北风,太阳还没有照进来。九点敲过,人空了,只要是天气好,温度高了,风小了,孵太阳就是享受了。为什么要坐在前门人家一边?因为石库门前门是朝南的，后门是朝北的。也有弄堂里坐不下的，坐到了弄堂外头朝阳一边。

和乘风凉不一样的是，乘风凉是老少无欺人人有份，孵太阳只是老头老太和小小囡的福利了。学生仔和上班的是没有份的。

老人马老搭档老位置，也是老花头。王家阿婆结绒线衫，张家姆妈补补丁，李家外婆扎鞋底，陆家阿娘抱了小孙子做游戏；还有赵家和马家的阿爷，拿了过期的《参考消息》谈论国际形势。

年代是大不同了，实际上和现在社区棋牌室门口总归有一群人也差不多，欢喜轧闹猛，欢喜打听，欢喜胡天斜地。不过比现在棋牌室门口的男男女女，孵太阳的老头老太，像煞面相要善和，讲话也客气。不见得那时候人淳朴现在的人刁滑，主要区别是话题不一样了。那时候孵太阳老头老太话题也是杂七杂八，但是没有股票、房价、动迁、医保、网贷之类，一说起这些事情，很自然，眼乌珠就瞪，喉咙就响起来。

淳朴老头老太也有被"吃豆腐"的时候。中午或者下午两三点钟，小学生放学途中，看到了孵太阳的老头老太，因为是马路上看到的，不是自家弄堂的张家阿婆，赵家伯伯，胆子就大了，就会拿老头老太开玩笑。隔开几步哼起流行童谣来：今朝天气暖洋洋，老头子老太婆打乒乓，老太婆削，老头子抽；削抽削抽有苗头……

很多年以后，我一直在破解这首童谣的流行背景。那时候正值中国乒乓球成为世界冠军，乒乓热从小孩热到老人，"乒乓"也成了流行热词。为什么老太婆老头子打乒乓有苗头呢？大约是在隐指他们男女关系不正常。太阳底下暖洋洋的，男男女女窃窃戳戳……那个年代男人女人，哪怕是上了年纪，多讲几句也会有生活腐化之嫌的，这种刚性民风，一定潜意识地教化了孩子。小孩子也知道是在讽喻老头老太，所以一定是奔着哼童谣，追也追不上的。

> 如果有人问，某某人住在哪里啊？喏，就是老虎灶隔壁。老虎灶是地标。

老 虎 灶 楼 上

老虎灶真是蛮奇特的。它不属于石库门，但是最重要的受众群体是石库门，它几乎是为石库门度身定制。如果没有老虎灶，石库门一家一只煤球炉，热水是不够的；反过来没有石库门，老虎灶烧出来的热水也没有生意了，所以老虎灶常常是和石库门唇齿相依的。

老虎灶的重要性不仅是泡开水、吃茶和汰浴，它还有地标性作用。老虎灶店面不大，但也是庞然大物，方圆好几条马路，烟纸店酱油店勿勿少少，老虎灶往往是独此一家。于是老虎灶的地标作用就凸显出来了。如果有人问，某某人住在哪里啊？喏，住在什么路老虎灶隔壁。谁都明白了。老虎灶就是这条马路的形象代言。

当然也有被老虎灶的地标作用弄得水深火热的人家，那就是"老虎灶楼上"那一家。老虎灶客气，让楼上免费用热水，冬天是暖和，老虎灶楼上温度明显高了好几度，汤婆子热水袋都用不上的，汰浴是汰得适意的。老虎灶客气是有道理的，楼上楼下关系要搞好的。有初一就有十五，到了夏日，老虎灶楼上从早到晚简直是在蒸桑拿。一个夏天，老虎灶楼上人家屋里就没怎么住过，只有等到西北风一刮，楼上人家的好像住进了三亚亚龙湾酒店了。

名字叫作老虎灶，也是体形魁梧，不过没什么人将它当作老虎般凶恶，只是大人都知道老虎灶开水突突滚，总是叫小孩子不要走近，更是很少有差遣小孩子拎了热水瓶去泡开水。偶有小孩子泡开水，总有附近大人盘问，侬爷娘不懂啊，嘎小人泡开水，烫伤了好白相啊！盘问的人，有老虎灶的邻居，还有在老虎灶吃茶的男人。老早的人也是空，也是要管闲账。

老虎灶热水最大用场是汰浴，热水瓶是不够的了，已经要用木桶装热水了。老虎灶有小推车，两桶热水，一家人家汰浴也够了。石库门虽然居住条件逼仄，几代人男男女女同住一间，但是汰浴还是屋里汰居多，清爽呀。老虎灶汰浴盆墨墨黑，四周全部是"老垦"（沪语，垢的意思），多少人汰过浴啊，想想也龌龊，所以很少读到老虎灶汰浴的回忆文章，因为进去汰过浴的人不多。老虎灶泡水，总归是一家之主男人的事情。而在泡水之前，一早上，男人先要将自家的汰浴盆——上海人习惯叫汰浴脚桶拿到弄堂里，倒几面盆冷水进去。两个礼拜没汰浴，汰浴脚桶已经干裂了，水一倒进去，地上一摊水。脚桶浸了水，木头胀开来了，下半天汰浴就不漏水了。

两个礼拜没汰浴，浑身已经发痒。又是绒线衫又是棉袄，搔痒难度很大，只能做些自身摆动，上身像呼啦圈一样摆动。一家人家礼拜天清洁工程有条有理地展开。女人准备好了所有人的替换衣服，大家轮流汰浴。家里小，房间已经当作了浴室，没有轮上洗澡的就到弄堂或者邻居屋，孵太阳，聊天。男人，讲不定去老虎灶吃茶了。

> 有纠察在车下发指令：侬只屁股再缩进去点，车门就关得上了。

公交车上辣身舞

照道理说，轧公交车和石库门没有关系，但是和住在石库门里的人有关系。石库门里人口最密集，双职工上下班的人也最多，没关系也就有关系了。

公交车不像地铁，轧不上，下一班马上就会来的，公交车脱班是每天会碰到的。有公交车站头的地方一定也是西北风咣咣响的地方，站头上立一歇歇，人呱呱抖，十分钟前刚刚吃好泡饭，西北风一吹，已经要想方便了。站头人越来越多，难听闲话也越来越多：死人14路，一日到夜脱班，我等了廿分钟！要迟到了。当年公交车不会因脱班开脱班证明的。终于公交车来了，怎么还可以错过？再娇嗔羞涩瘦弱的女人，也勇武生猛，文明修养就是这样掉落在车门外的。再往里头进去点。有人愠怒：轧不进去了呀。有人自嘲：轧死老娘有饭吃。有纠察在车下发指令：侬只屁股再缩进去点，车门就关得上了。纠察这么说着，顺势推了一把车上人的臀部，车门就关上了，也不管车上这个臀部是男人还是女人。剧作家张献曾经写过一句极其精彩的台词：一个轧过公共汽车的女人，就不用讲什么贞操了。

这并不是挤公交车的全部。写诗功夫在诗外，轧公交车，功夫有时候也在轧外。坐过当年公交车的人恐怕都会有同样的体验。公交车是分级售票的，有轨电车3分，6分；无轨电车4分，7分，公共汽车5分，1角。偏偏家门口这个站头到单位，超出一站，这一站就是几分钱呢！食堂里炒青菜也只有3分。穷则思变——贫穷的时代造就了做人家的理念，走一站再乘，就省下几分钱了。于是早上出门疾步走一刻钟，走到下一站再去轧公交车，比人家又要早出门一刻钟。天冷走一站，人倒是走热了。天热罪过，一站路走下来衬衫背脊已经湿了，揩湿了一块绢头。公交车又不像现在有空调，湿哒哒的人轧上公交车，还听到了"奇谈怪论"：哪能有"肉格气"（沪语，膻味）？到了单位第一件事情，是到洗手间揩身，换一件汗衫。

公交车轧死老娘有饭吃，也轧出了冲手（沪语，小偷）。公众场合人群密度与小偷下手空间永远是呈正比的，人越多，小偷越容易得手。话说有个小青年谈朋友了，他和新交的女朋友走进陕西北路南京西路口的平安电影院看电影。此男人非等闲之辈，有"冲手"前科，他想重新做人了，谈恋爱结婚。入座之后，男人说要去洗手间，顺便抽支烟；洗手间出来后，男人一看手表，电影开场还有20分钟，手竟然痒起来了。男人走出电影院，坐上了20路无轨电车去静安寺。那里有庙会，车就挤了些，容易下手。只是失手了。刚刚交上的女朋友还在电影院座位上莫名其妙长等，男人已经被扭送到派出所，后来还是派出所民警来告知姑娘原委。如若这个男人还会想起当年的失手，或许他不怪自己，却是怪当年南京西路路况太好，如今20分钟，只是过了一个红绿灯而已，怎么可能去静安寺打一个来回的？

> 石库门喜酒最大的亮点是,新郎新娘"近亲结婚"概率很高。

弄堂喜酒弄堂婚

老早,石库门弄堂里有人家结婚,酒水基本上就摆在石库门弄堂里,自己家里就是新郎新娘和双方父母,更多的桌头,摆在弄堂的邻舍隔壁家里。

不是石库门人喜欢在石库门里办婚礼,要显摆自己的上海味道,而是,没地方办婚礼,借不到天,只能借地。

还没有改革开放,社会的主人,也就是穷人。上海滩没有几个饭店,普通老百姓也没钱去饭店消费的。到了1970年代,一大批青年到了谈婚论嫁的时候。虽然上级领导部门提倡"移风易俗,办一个革命化的婚礼",但是对于老百姓来说,结婚总是要有明媒正娶的仪式感,老百姓的结婚仪式感,就是车嫁妆,办喜酒,发喜糖,一方是儿子讨老婆了,一方是女儿嫁出去了。只是彼此都很穷,就不去饭店办酒席,更早些,饭店还不开放喜酒。饭店重新开放喜宴是在1973年。

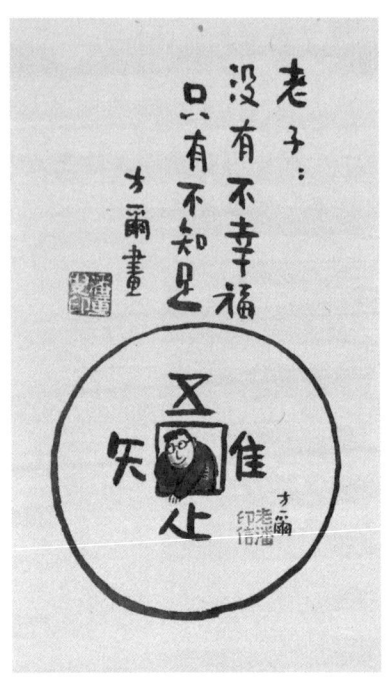

没有不幸福,只有不知足。

这时候,石库门弄堂办喜酒的两大优势显现出来了。第一大优势是石库门邻里之间热情洋溢,喜欢做热心事,不像公寓房子的邻居有文化而矜持;第二大优势在于石库门虽然一户一户分门进出,但是每家人家的一层楼都是比邻,都可以派用场。

若是15号张家儿子要结婚了,只要算清爽有多少人来吃喜酒,总归会有最热心也是最搞得定的人毛遂自荐运筹帷幄。隔壁老王前客堂可以摆两桌,对面张木匠家可以摆一桌,圆台面有几只摆几只,不够就是方台子配长凳,也好坐八个人了。这一来,酒席真的是要从弄堂口摆到弄堂底了。哪里有那么多亲亲眷眷?弄堂里邻舍隔壁也要算进去的呀,人家出地方的出地方,借圆台面的借圆台面,单位食堂师傅来掌勺了,谁家可以不请?

新郎新娘也没有像现在这样高大上,比得上王子公主的婚礼,也没有婚庆司仪,更没有五点十八分二十八分开席的做法,人坐齐了就开吃，图的是闹猛。菜是家常的菜，有鱼有肉，有足够的量就可以了，要是什么冷菜味道好，抢光了，主人是会来添的，比如鳗鲞抢光了，再加点。水笋烤肉吃光了，也再加点。当然加上来的，质量就差了，鳗鲞是尾巴部位，水笋烤肉独多水笋。除了摆在自己家里的那一两桌，还有敬酒的仪式，弄堂喜酒吃好算数。闹新房，那是要到新房里再闹的了。

石库门喜酒最大的亮点是，新郎新娘"近亲结婚"概率很高。

不是血缘上的近，而是邻里上的近。石库门都是知根知底的，人好人坏看在眼里，互相之间亲和随便，甚至隔壁弄堂也是面熟陌生。少男少女眉来眼去，要么自己好上了，要么弄堂里的红娘来介绍了，一条弄堂里，或者是隔壁弄堂里，经济条件差不多，父亲在什么厂做什么，拿多少工资，一点不是秘密，家里有几个阿弟阿妹，将来结婚有没有亭子间，或者后楼，或者可以搭阁楼，介绍时候，讲得清清爽爽，想吹牛也吹不响。人看中了，父母亲也看中了，成功率很高。

近实在是近，12号的黄家阿六头，娶了28号张家妹妹。早前，嫁妆就是在弄堂里搬过去了，新娘子也就是走过去了。后来条件好一点了，嫁妆还是直接搬过去了，但是新娘子过门，有点小小排场了。新娘子不往婆家家里走，却是走到弄堂口，已经有出租车停着，是新郎来接。上了婚车，到热闹的地方兜一圈，又回到了弄堂口，新郎新娘走进弄堂，算是乘过婚车了。

改革开放前，上海石库门婚礼就是如此狼狈。可以这么说，给石库门，给上海人，乃至给中国内地老百姓，渐渐带来好日子的，只有，也唯有改革开放。之前的日子？哼哼！

石库门"近亲结婚"在上海属于稳定性最强的婚姻。一是双方的家庭彼此熟悉，三观也接近，二是，即使婚后不开心，要想离婚，整条弄堂的阿姨妈妈都会自告奋勇充当"老娘舅"来做思想工作，离婚比登天还难。

远离大人视线，可仰视天空想入非非，可俯视弄堂调皮捣蛋，可为所欲为掩人耳目。不就是和城堡一样威武？

制高点的乡村骑士

石库门的晒台自有它的玄妙。最初石库门一门一家人家的时候，每家人家有一个晒台，后来石库门挤兑成七十二家房客之后，这个晒台就是这一个门牌的公共晒台，住房最紧张的时候，本来就不大的晒台，又拦出三分之一，砌了墙铺了油毛毡做屋顶，晒台搭建也住进了人家。晒台依旧是公共晒台，"公共晒台"的含义，虽然和公共厨房间同一个概念，但是还有一个隐形的"公共"属性，那就是大人和小孩子在晒台上各有所得。

对于大人，晒台是晒衣服的，也是晾菜干笋干的好地方，到了过年前，还可以在晒台搭建的油毛毡屋檐下，挂一刀乡下带来的咸肉，晒台也有了过年的派头。

对于孩子，当然主要是男孩子，晒台无异于城堡，虽然简陋，但是功能接近。几个孩子去晒台，肯定错开了和大人同在晒台的时间，远离大人的视线，是最自由自在的时候。可以童趣，可以野蛮，可以玩本事，可以来阴谋。而且晒台分明是弄堂的制高点，可仰视天空想入非非，可俯视弄堂调皮捣蛋，可为所欲为掩人耳目。这不就是和城堡一样威武？

放风筝当然是童趣和有本事的，要把风筝放到天上去不是很简单的事情。石库门晒台太低了，风力不够，风筝飞不上去。真要放上去，就要爬上屋顶了。搬只凳子，手在屋顶边势一搭，就翻上去了。小女孩，胆子小不敢爬屋顶也不要紧，站在晒台上，仰望着屋顶上的哥哥将风筝送上了天，看到了少年英雄之酷。除了石库门，凡是可以爬上去的屋顶，可能还更高更畅大，在男孩子的潜意识里，是勇敢、自由、天空的汇合。姜文的《阳光灿烂的日子》有一大段屋顶青春的画面，背景音乐是《乡村骑士》；屋顶戏也是青春戏。看着电影，仿佛爬上了阳光灿烂的屋顶。

放风筝是有季节性的，五花八门的童趣和小小的恶作剧，才是晒台城堡的核心魅力。趴在晒台栏杆上，看着弄堂里男女老少走进走出，坏脑筋就转起来了。吐"蚕吐水"，恐怕是人的动物本性，只是被大人教育后才懂得了不可以。有人弄堂里经过，最好是老头子老太婆，他们反应慢，经过提前量的计算，一口蚕吐水吐下去，头马上缩回来，听弄堂里反应。大部分辰光"导弹"试射失败，弄堂里没反应。也有击中目标的时候，人家又没有"萨德防御体系"，立刻骂人声音传出来了，啊里只西小巨（哪只死小鬼）！没教养啊！爷娘西特啦（死啦），有种乌巨头（乌龟头）伸出来呀……全弄堂的窗门都开开来张望了，受害者骂两声自认倒霉走了。还有不罢休的，一看自己受袭击的轨迹，怎么不知道这枚导弹来自哪里？于是上了楼兴师问罪，直至小孩子的爹娘当着被害者的面打了自家的孩子，才算是了结。

晒台的冬天是西北风的天下，城堡做不成了，却还有用场。早上上学前，泡饭火火烫，来不及吃，盛两大碗，摆在风口里，淘一点隔夜青菜露，站在晒台上，和着西北风的嗖嗖嗖，也就嗖嗖嗖地吃光了泡饭，上学去了。

"以讲卫生为光荣"喊出来时,变成了上海话的"伊讲卫生,伊不讲卫生"。

爱国卫生"掀"高潮

消灭四害——苍蝇、蚊子、老鼠、麻雀,是五六十年代的跨年代运动。

石库门一直走在消灭四害最前面的,因为石库门劳动人民多,之后的模范先进也多从劳动人民中产生。

那就先开会传达。再严肃的大会,开到了弄堂里,严肃总是要打折扣的。女人要结绒线,要讲聊天,小巴辣子跟屁虫一样在母亲身边开会终是无趣,便是戏耍打闹,小组长五斤哼六斤训斥。最后的任务布置倒是一点不假,墙角落撒老鼠药,垃圾筒边持苍蝇拍猛扑,夜里厢家家户户焚烧敌敌畏灭蚊。还有捉麻雀,弄堂空旷地筷子挑起米淘箩一边,淘箩下是诱饵,一根棉纱线远远地牵着筷子,待等麻雀飞进去,棉纱线一抽,米淘箩覆盖住了麻雀,当然更多时候麻雀飞走了。作为一个游戏,捉麻雀具备了男孩子游戏的所有元素,只是捉麻雀捉错了。我曾经在自家的晒台上给麻雀布下埋伏,夏天午后,屏息静气，汗淌淌滴，像敌后武工队伏击日本鬼子。也真有麻雀上当的时候。我不是把它当作四害，只是想捉一只麻雀养起来。可惜关进鸟笼的麻雀不吃不喝，还乱撞乱飞，第二天死了。

直至70年代末期，麻雀的四害身份，由蟑螂取代，称作新四害。

作为弄堂灭四害运动的延伸，爱国卫生才是弄堂的长期运动。又是开会——又是小组长神气而严肃的点名，又是家庭妇女的叽叽喳喳，又是孩子们的吵吵闹闹。会议后，一部分家庭妇女轮流戴上红袖章，在弄堂里手持纸话筒，宣传爱国卫生——以讲卫生为光荣，以不讲卫生为耻辱；爱国卫生掀高潮，瓜皮纸屑莫乱抛……那些女人文化程度不高，搞不清楚这些口号是哪些字，喊出来的口号和原意有差别。奇妙的是，意思倒是还在。"以讲卫生"喊出来时变成了上海话的"伊讲卫生，伊不讲卫生"；"掀高潮"，她们喊出来的时候，像是"兴高潮"，上海话读音差不多，意思也对，再往后有促狭的，更是将谐音梗指向了不可描述的方向。

后来爱国卫生不搞了，红袖章还在，多半是由里弄小组长收藏。有个里弄小组长，一直做到了整条弄堂被动迁。搬家前打包，子女从角落里翻出了小组长几十年前的执勤红袖章。问小组长：这东西不要了吧？小组长一把夺过来：要的。子女不以为然：弄堂都没有了，这还有什么用？你小组长还没有当够啊？小组长冷冷地回答：傢勿懂额（你们不懂的）。

一年后家里大扫除,翻到了旧报纸,旧新闻还可以看半天。只不过隔了一年,竟然换了个世界,只有旧报纸还惦记着旧辰光。

夜饭连着夜报

"新民夜报,夜饭吃饱",《新民晚报》没有为此付过一分钱的广告费,这一条广告却是上海每家人家的心声,也是每家人家的心愿:在粮食还定量供应的年代,夜饭吃饱是淳朴而美好的愿望,至于是不是在当夜就看过晚报,可以和是不是吃饱晚饭相提并论。在物质食粮和精神食粮双双匮乏的年代,夜饭和晚报的双拥有,是极大的享受了。

那一个年代,还是很讲究长幼有序的。一家之主,基本上是钱赚得最多的人。不要说子女还在读书,即使是工作了,工资仅仅是父亲的一半甚至零头的不在少数。这是社会平均分配法则,所以做父亲的男人地位就显赫。回家时,小儿子小女儿已经在弄堂口或者家门口夹道欢迎了,一个帮父亲提包,一个搀了父亲的手。男人和邻居们打了招呼,到了自己家里,饭菜已经摆好。男人洗了手,当仁不让地坐在了上位,上位也不见得朝南坐,亭子间已经是朝北了,还怎么朝南坐？上位肯定是房间里最舒适的一个位置，还有一个最明显的标志：最好的菜摆在这个方位。只有男人坐好了，儿女们才上桌。晚饭的第一筷，当然也是一家之主先动，即便是最喜欢的小女儿，眼睛盯着油煎带鱼，是不可以动筷的，这是规矩。如果不守规矩，做母亲的女人就白了一眼，甚至用筷子去敲打小女儿的筷子。男人动筷了，一家人家的笑容在饭桌上绽放了。

吃了晚饭，女人照例是洗涮，儿女便是将吃饭台子当作了课桌做功课了。男人又是老位置坐下来，一张夜报，一杯茶，一支烟。茶和烟是极普通的，却是必备的。男人从夜饭的物质享受连接到晚报的精神享受。

有晚报的人家，总还是条件好的，有人去报摊买晚报，条件更好的是邮局订晚报。一张晚报3分，一个月整订好像还优惠，不需要9角的，但是9角不是小数字。如果这家人家是邮局订报的，报纸送来时，很可能关系好的邻居先截获下来，极其快速看一遍最欢喜看的版面，像"蔷薇花下"的漫画小品，然后恭恭敬敬送到订报人家屋里。今朝态度好，明朝还好再"分享"。还有一种人家，报纸买不起订不起，又不愿意错落国家大事国际形势，于是就看隔天报，到了第二天去问有报纸人家借晚报看，虽然也是满脸堆笑的，但是比外面报栏看晚报适意了。这就感觉得到当年晚报的社会地位了。那么多人看晚报，但是并不是每家人家都有条件订晚报的。"新民夜报，夜饭吃饱"不啻当年的小康生活。每家人家一张晚报，那是80年代的事情了。

同时拥有夜饭和晚报的男人，惬意非常。看看一家人家在自己治理下和睦安泰，再想想每天问他借报纸的邻居笑脸也就开心。香烟呼呼，晚报翻翻，翘了二郎腿，还微微抖着……

晚报后来卖废品了，还有零星几张派了别的用场，揩玻璃窗，报纸最好，还有抽兜里铺一张，大厨顶上盖一张，也正好。一年后家里大扫除，翻到了旧报纸，旧新闻还可以看半天啊。有时候一年之隔，竟然换了个世界，只有旧报纸还惦记着旧辰光。

> 智斗是石库门的必须,是要让自己可以和人家平起平坐地过日子,智慧则是要让自己的日子过得比别人好。

螺蛳壳里有智斗,也有智慧

如果说,亭子间后厢房再小再暗,也还是一家人自己做主,常常是当家人一个人做主,总有办法弄得一点不乱,舒舒服服,那么到了厨房间,恰恰是不可以做主了。

石库门厨房间本当是一家人家独用,大约有七八个平方,还不小的。只是后来一幢独用的房子分割为七八家人家合用,每家人家摊下来只有一个平方还不到,每家人家至少有五六个人要吃饭,青菜萝卜大头菜,有得好烧烧了。这时候的厨房间,充满了市井的温馨,也充满了邻里火药味;有热情洋溢,也有阴阳怪气。烧菜的时候,肩碰肩,背贴背;张家炒辣椒辣味道呛人,李家的煸洋葱弄得大家眼泪水嗒嗒滴……需要大度,需要品格,需要原则,也需要智斗和智慧。智斗是石库门的必须,是要让自己可以和人家平起平坐地过日子,智慧则是要让自己的日子过得比别人好。

细看石库门厨房间,七八只煤气灶摆法格局相似,煤气灶台板的长宽几乎一样，像煞是一只模子里刻出来的。讲对了，还真是一只模子里刻出来的。刻模子的人，是房管所。石库门在"文革"后搬进来的不少，这就引起了厨房间地盘的重新洗牌与争夺。厨房间虽然是一只螺蛳壳，但是部位还是有差别，靠窗当然好，最里头角落头，日里烧菜也要开灯，当然不好。没有人想吃亏的。经常摆不平，只好请来老娘舅。当年房管所是管住房分配的，分割厨房也是绝对权威。比联合国秘书长更有话语权。房管所会带一把钢卷尺来，一只只位置，尺寸量过去，既考虑先来后到，又考虑实际优劣。量好尺寸，叫来所有邻居，把方案一摊，也就摆平了。甚至王家自行车也有方案，白天放在弄堂里，晚上七点以后，厨房歇搁，王家把自行车推到厨房间当中。螺蛳壳里做道场，道场是石库门居民做的，但是道场前后左右，是房管所来定的。

厨房间是烧菜的地方，又是公共场所，穿什么衣服是一个问题。公共厨房间有女人也有男人，穿太随便不好；好的衣服不舍得，烧菜了，讲究就没必要了。

于是，一种属于石库门的服装应运而生：睡衣。上衣有袋，裤子也有插袋，考究的做工示意着，绝不是自己缝纫机踏出来的。

睡衣是被许多人诟病的，也算不得雅观，但是睡衣简直是石库门的交际服。

住石库门，女人们每天从房间到厨房到卫生间不知要走多少趟，每天睁开眼睛看到的是七十二家房客邻居，当然要有一套可以走来走去的衣服，但是又要可以做家务的。睡衣居然上衣有袋，裤子也有袋。在厨房间，尤其是夏天，睡衣的衣袋有实际的用场，比如放只一次性打火机点煤气用，放串钥匙回房间时用，放几张手纸去卫生间就急。还要带点零碎钞票，说不定要去买油盐酱醋。没用过公用厨房卫生间的人，根本不知道这一些鸡零狗碎的重要性。

曾经有人质疑睡衣有欠雅观，但是穿睡衣的女人会眼睛一瞪说：问得怪伐？这衣裳有什么不好？是不是叫我穿三点式，还是叫我穿西装？

姆妈加了"上海"两个字，赋予了大上海的属性，不是大上海的光环和使命，是大上海的细碎和聪明。

"上海妈妈"是块金字招牌

上得了厅堂，下得了厨房；会得吃罗宋大餐，会得补儿子裤裆；菜场里买来时鲜菜，单位里带回酸梅汤。

这就是上海女人，确切地说，是上海姆妈。做姆妈容易，但是加了"上海"两个字，做上海姆妈，一下子赋予了大上海的属性，这属性，不是大上海的光环和使命，却是大上海的细碎和聪明。

石库门盛产上海姆妈，差不多每家人家都有上海姆妈。有规矩的小孩子看到大人都要叫一声，张家姆妈，黄家姆妈；如果不是同一个门牌却又是熟识的，那么再加上门牌，3号陆家姆妈，18号刘家姆妈……

称呼的一致性，意味着姆妈们做的事情也相似。

要承受全社会普遍的艰难困苦，这是最基本要求，还有更多的事情，只有上海姆妈才做得好。家里的吃喝拉撒虽然繁杂没完没了，却还是简单的体力劳动，不算很难，真正无愧于"上海姆妈"称号的，是她们"治国理政"的方略和亲历。就说结绒线吧。几乎每一个上海姆妈，人停下来了，手又动起来了；除了大热天，一直是在结绒线的。上海姆妈善于将结绒线看作是一个贤妻良母的基本功，而后便提升为休闲和品位。一个上海姆妈的绒线衫，结了拆拆了结，一生也是在绒线衫的花样年华中悠然流逝。这就是上海姆妈的"女为悦己者勤"。绒线衫不仅是给自己结的，也是给老公和孩子结的。老公和孩子身上的绒线衫一定是在不断的拆拆结结的，如果哪个男人或者孩子绒线衫的袖口破了还可以抽出一条毛线，那么人家不会说那个男人和孩子怎么怎么，而是说那个男人的女人和那个孩子的母亲怎么怎么，最到位、也是最刻薄的评语是："懒料"。

要是一家人家的女人，不会结绒线衫，也不会踏缝纫机，不会给全家老小做新衣裳缝缝补补，这个"上海姆妈"也是叫不响的。

上海姆妈大多是有工作的，也是在上海这个大城市里生活的，所以上海姆妈有精神追求，有时髦追求。像栀子花白兰花这么一种极小的生活点缀，恰是上海姆妈不显山露水的得意之作。一刻钟前头，还在家里忙上忙下，出门了，却已经是清清爽爽，穿得山青水绿，走出弄堂一转弯，到了大马路上，买一小串栀子花或者白兰花别在衣襟上，既是幽香，更有妩媚，怎么也看不出这个女人家里没有卫生间没有煤气。上海姆妈是不可以让人家小看的。

还是在社会福利刚刚启蒙的年代，高温季节单位里有冰冻酸梅汤了。上海姆妈想到了家里的老老小小。她们上班时，酸梅汤喝得不很多，不想让人家觉得自己急吼吼，更要紧的是有了这个铺垫，下班前就可以不紧不慢地往搪瓷杯里倒上一大杯，用干毛巾将搪瓷杯包起来，起到了保温作用。上海姆妈大多是在街道工厂工作，路途不远，走到家里十来分钟。一路走回家，平衡感很好，酸梅汤一点也没有漾出来，那一条干毛巾，捂了搪瓷杯一路回来，已是冰凉，揩汗正好。

上一篇文章来不及展开的"智慧"，在这里补上了。

要感谢那个时代的苍白,人的欲望还停留在很低的层级,夜公园就是夜生活了。

可怜天下父母心,在任何时代,都有其个性化的表现方式。

仲夏夜消暑集散地

"时代产物"的意思是,某某现象某某事物,总是带有时代的印记。恐怕谁也没有想到过。七八十年代的夜公园,也是时代的产物。

多少年了,公园到了下午五六点钟一定是要关门的。道理很简单,晚上是在家里吃饭睡觉的,谁还去公园?真要去,肯定是乱搞男女关系的。

到了1970年代,公园的门,晚上不关了。

因为天气太热了,家里的人挤不下了,连弄堂里乘风凉也潜出来了。1950年代的多子女政策,在100万知青回到上海之后,显现出了人口爆炸的巨大"当量"。

率先组成公园夜客的是老少两款"双档"。青年双档是自然的,刚刚相识不久的男女会去荡马路,会去外滩情人墙,热恋了,公园是最佳选择。既可以长凳上坐坐,也可以小径上走走,月明星稀,树影婆娑,情调悠然。虽然频有戴了红袖章的纠察一束手电筒强光乱照,侦察有无流氓阿飞行为，夜公园毕竟还是可以亲昵的所在。

轧朋友双档去夜公园很正常，却还常有老男老女双档，在夜公园的长椅上打瞌睡，似乎看不懂了。他们不是黄昏恋，黄昏恋在那个年代绝无此般勇气的。他们是名副其实的老夫老妻，到公园不是轧闹猛，是要将家里让给儿子儿媳。家里太小，晚上睡觉房间当中要拉布帘，儿子媳妇下了班吃好夜饭不想荡马路了，做父母的就给儿子媳妇留出独处的空间。如果是准媳妇来，吃好夜饭也想休息休息，父母亲也可能装得很想"饭后百步走"的，其实是家里太小了，要是都孵在家里，像是麻将术语："红中白板对煞"。可怜天下父母心，在任何时代，都有其个性化的表现方式。

这样的日子没多久，夜公园越发闹猛了，但是"卡斯"有了很大变化。家里有孙子孙女了。石库门还是石库门，一家变成了三代人。于是夜公园有了新夜客。

夜饭吃饱，管不了晚报了，带上一张塑料窗帘布或者旧被单布或一条草席，带上芭蕉扇，带上几粒糖果，还有孙子孙女的玩具，绝对不会忘记的，还要带上万金油和风油精。早点去公园，晚一点去大草坪抢不着位置了。尤其是全市集中熏蚊子的那个晚上，只有公园才是"净土"。待到晚上7点之后，太阳还没有落山，公园草坪里已经是黑压压，密密麻麻。这时候，起码是年轻父母带了自己的孩子——也就是如今的八零后一代，或者就是三代人像夏令营一样说笑，不到公园关门就不回去了。

夜公园成了市民仲夏夜消暑的集散地。这就是时代的产物。不过时代产物不是这么简单的。还要感谢那个时代，电视机还没有普及，社会文娱生活还没有萌生，空调还闻所未闻，人的欲望还停留在很低的层级。夜公园是夜生活了。

当然也有问题，公园里必定蚊子小虫多，去乘风凉的又多是短打裙子。虽然已经在裸露处涂了一遍风油精，还是抵抗不住苍蝇叮来蚊子咬啊。快点点蚊香，摆在上风头。远远看去，草坪上一片星星之火。

更早的上海,云集了一个以"小"做头字的创业群体。初到上海,一口家乡话,不识字,不识人,也不被人识,故而常被叫作小赤佬。

小宁波,小广东,老山东……

弄堂口是天然的"点心美食汇",至今还被年轻人津津乐道的风味点心,几乎都曾经在弄堂口摆过摊头。

小小弄堂口哪里容得下各地风味点心?吃过了就知道了其中的奥秘。

点心摊是分时段的,也是分种类的;时段和种类,是时段决定着种类。种类又派生出种群,种类代言着种群。

这话有点绕,那就细细说。

早上有早上的点心,下午有下午的风味,晚上有晚上的好吃,一天到晚不同类的点心摊总归是按照不同的时间表摆出来的。早晨需要吃得饱,吃得快,当然是四大金刚的天下,"金刚"两个字足以显示出自己的威势,像"麻油撒子",虽然好吃,早上是看不到的。下午放学时段,油墩子、臭豆腐干香味道飘在西北风中,打的是学生主意。一天书读下来,大脑昏昏,腹内空空,需要奖励一下的。晚上应该没生意了吧?又会有"晚市"摆出来的。自然会有吃不着晚饭的人，会有晚归的人，柴爿馄饨摊的柴火，只有在晚上蹿起来，才是有感情的薪火。当然还有更多杂七杂八和吃搭界的摊头，都知道自己应该什么时候摆出来，都知道有多少人会来。这就是时段决定着种类。

更有意思的是，不同种类的点心和吃食，是由不同种群的人做的。上海之所以有东南西北的点心，是有来自东南西北的人，不同地方的人是不同的种群，他们缔造了上海的海派点心世界。高庄馒头是山东人的独家绝技，麻油馓子是苏北人的拿手好戏，汤团是宁波人的专利……他们一口浓郁的家乡话，听到了他们抑扬顿挫的方言，就知道什么摊头摆出来了。他们的籍贯成了他们的名字和品牌。一方美食须有一方方言的辅佐，而不可以错位。苏北人做宁波汤团，总是有馓子的气味。

弄堂口的这一道风景是美好的，许多点心都评上了老字号，不过说来可能不信，几乎所有的老字号摊主，最初都是无证经营的三无食品，直至后来还有许多摊头仍旧处于"非法"状态。

20世纪三四十年代、甚至更早些的上海，云集了一个以"小"做头字的创业群体。初到上海，一口家乡话，不识字，不识人，也不被人识。于是，不管什么地方来的，都以"小"加上各自家乡，算是他们的名字了：宁波来的是小宁波，苏州来的是小苏州，山东来的是小山东，福建来的小福建，广东来的是小广东……他们在弄堂口摆起一个摊头。"小赤佬"一个，老老实实做生意，营业执照是没有的。最经典的"小"，是"小绍兴"，绍兴逃荒到上海的章润牛兄妹摆的鸡粥摊没有招牌，章润牛一口绍兴音，加上个子瘦小，回头客以"小绍兴"称之，久而久之，"小绍兴"成了鸡粥摊的摊名了。上海有许多老字号点心和熟食，都是这样自我"从良"的。"从良"的本事是"凭良心"。

小赤佬在上海学生意，一直到老，有些人乡音未改鬓毛衰，于是人们叫他们老宁波、老山东、老广东……凡是这样被人家称呼的，都一定是生活在社会最底层的人，当然他们也是名副其实的上海人。

看得见的是拥挤，看不见的是尴尬。尴尬的主要是女人。

亭子间春光秋色

亭子间或者三层阁十来个平方甚至还不到，要是一家人家吃喝拉撒全部在里面，看得见的是拥挤，看不见的是尴尬。尴尬的主要是女人。

没有独用的卫生间。女人夜起，怎么可能跑到四五家人家合用的卫生间？亭子间里痰盂罐是必备的。夏天时候女人洗澡换衣服，更是免不了的尴尬。不像男人，洗澡就在弄堂里冲一把，赤膊也是石库门的常态。女人不行，"臣妾做不到啊"。女人洗澡换衣全是在自家的房间里。亭子间与弄堂对面的人家窗对窗，不过几公尺的距离，对面人家看过来，望远镜也用不着的。女人要洗澡了，先清场，竹帘会走光的，放下竹帘，再挂一条旧被单，洗好澡收下被单拉起竹帘，又是一身汗了。换内衣也是尴尬，总不见得又要清场又要放下竹帘，只能躲在房门背后，利用大衣橱作隐藏的夹角，春光不再乍泄。

叶辛《孽债》中写到了贤妻良母的女人凌杉杉，在亭子间里迎来了丈夫和前妻生的儿子思凡。同名电视剧中有一段戏非常贴合石库门

家人拉手为伴,做个有趣之人。

亭子间的私生活——思凡住进亭子间,凌杉杉才陡然觉得空间狭小得无法和丈夫做爱了,而这种感觉也是在她努力去尝试后才产生的。那一个晚上她和梁曼诚做爱了。电视剧中有这么一段场景:梁曼诚搂住了杉杉,杉杉叫他轻一点,先将睡熟的女儿抱到床的里边,但是老床还是吱嘎吱嘎地作响,杉杉连气声都不敢发出来;做爱完毕杉杉像往常一样,坐在床边痰盂小便,听得痰盂里发出的水流声,杉杉真的崩溃了。即便睡地铺的是亲生儿子,凌杉杉也是惶然的。这种惶然,恰是亭子间女人的日子。当然她们也就适应了。

对于上海女人来说,即使一生生活在石库门里,即使没有符合生活标准的卫生设备,还是有很高的个人卫生和体面的自我要求。这对于在石库门里每天吃喝拉撒的女人来说,是一种流程,也是一种乐趣。

石库门的狭窄逼仄,常常是一家人家因为挤迫而温馨,老公孩子尽在眼皮子底下,嘴上说看看也戳气,心里是一肚皮欢喜,欢喜到了一根冰淇淋也可以咬了两口给老公吃——老公就紧挨在女人身边坐着,也是因为房间小的关系。

弄堂是一个善于寻开心的地方，不寻开心，弄堂也就没有什么开心了。

卡拉OK飘来又飘去

当家庭卡拉OK混响于弄堂时，老百姓的电器生活，已经经历了电视机和录像机两个朝代的先后降临，堪称第三次浪潮。虽然家庭卡拉OK浪潮来时轰轰烈烈，去时戛然而止，总归是一次浪潮。

电视机刚刚驾到时，有人会把电视机搬到弄堂里，一是炫耀，人家没电视；二是屋里很热。录像机买进之后，弄堂共享没有了，家里有了电风扇何必再搬到弄堂去？还有，伴随着录像机潜入家家户户的是情色片，也称作动作片科教片，发现了，是要抓到派出所去的。家庭卡拉OK的问世，是在电视渐渐厌倦，情色片也已经疲乏之时乘虚而入的。娱乐场所已经有了卡拉OK，那还是高消费，而且听说还有三陪四陪，不正派的。有了电视机的播放，有了录像机的输出，何不在家里开唱？弄堂夏日弄堂乘风凉，随着电器风潮而渐渐势弱，最后弄堂里只剩下了老人。

弄堂是一个善于寻开心的地方，不寻开心，弄堂也就没有什么开心了。寻开心总是要有器物的。最早的器物是在弄堂口弹吉他,唱唱流氓阿飞的歌——就是后来的爱情歌曲,"你到我身边,带来欢笑……"逗逗过路的小姑娘——也就是当下的"撩妹";之后"斩琴"斩出了好几个歌星。后来四喇叭录音机拎出来了,靡靡之音邓丽君,绝对是风靡;录像机的愉悦往往发生于地下,在此不表。没多久,家庭卡拉OK喧哗而来。

酒醉饭饱,叫来几个喜欢唱歌的朋友,接好了混响器,有些人家有音响功放的也接上去,唱吧唱吧。这是弄堂幸福感最强烈的时候,是弄堂最率性的时候,不过也是弄堂最烦恼的时候。

家庭卡拉OK设备都是劣质的,什么是混响?感觉是高分贝的声响。那时候唱歌唱得好的人很少,卡拉OK不是唱,是在叫。偏偏弄堂什么都可以改变,只有一板之隔的"零隔音"没有办法改变,卡拉OK的穿透力又是极其强烈,比之于以前听隔壁戏的音量,简直是原子弹爆炸了。还有一烦的是,弄堂里的卡拉OK还不止一个两个,晚上同时开唱,几种吼叫环绕在一起,散也散不掉。有人正好在唱京剧《红灯记》李玉和的唱段:狱警传,似狼嚎……唱得真像是狼嚎。

隔壁邻居敲板墙提抗议了;还有人在窗口头骂山门:唱死脱唱啊,侬屋里断子绝孙,没小人要读书啊!唱得起劲的人也不开心了。相骂吵起来,有时候到了报警为止。

弄堂的传统格局,到了电器化时代,终于有点挡不住了。

幸好,家庭卡拉OK没有流行很久,人家烦,自家也烦的。并且社会上的卡拉OK歌厅成了流行,包房里,音响效果好,狼嚎狗吠谁也管不着。弄堂里的卡拉OK,就这么飘进来又飘出去了。飘出去的"卡拉OK"成了长盛不衰的民间娱乐,并且"卡拉OK"成了自娱自乐的代名词。

老死不相往来的隔阂和仇恨，在签下动迁协议的一瞬间，似冰雪消融，相别一笑泯恩仇。

惊咚惊咚惊咚哐

多少年来，老弄堂旧房子没少戴过大红花；光荣的象征是大红花：戴花要戴大红花。第一次唱，是"大跃进"大炼钢铁；第二次唱，是家庭妇女回乡种地；第三次唱，是光荣退休；第四次唱，是应征入伍……凡是戴大红花的事情，都是光荣的，同时也一定是要做出贡献甚至牺牲的。

规模最大的唱，是知识青年上山下乡。进了弄堂，戴大红花的领头，锣鼓家什后随，再后面，便是三五小孩，唱起童谣："惊咚惊咚惊咚哐，倷格老婆要回乡"。

如今每家每户都戴大红花了——动迁了。

生活创造历史，历史改变生活，甚至，历史还改变了对生活的爱和恨。今天相送的场面似亲人远行，大有"感时花溅泪，恨别鸟惊心"的戚戚焉；此一别，各奔东西，再团聚，遥不可期。

也是人这么多的场面，仿佛就在昨天，是为了邻里间的纠纷，还打了110报警；公用卫生间墙上的破烂货，自来水费的摊派，隔壁打麻将的噪声……无一不成为纠纷甚至打斗的连环炸弹。大吵三六九，小吵天天有。爱与恨，怨与嗔，格格不入的矛盾、老死不相往来的隔阂，怒目相视的仇恨，曾经耿耿于怀几十年，而且还升格为家族仇恨绵延到下一代。在签下动迁协议的一瞬间，似冰雪消融，相别一笑泯恩仇。

也包括住了一辈子的破房子，曾经住得没有颜面头都抬不起来，曾经巴不得天火烧；但是离别前，恭恭敬敬地站在破房子前，像是恭恭敬敬地站立在一座圣像前，立此存照。多少年后给后辈痛说家史的时候，这破房子，不，这旧居，简直是刘禹锡的《陋室铭》翻版：山不在高，有仙则名。水不在深，有龙则灵。墙上挂着的自己的奖状和父母的遗像，要带走，这是要让未来记住历史，旧居留影的标准像，是要让历史告诉未来。这房子，还真是破旧得不能再破旧的房子，这矛盾，还真是只要居住着就永远无法消融的矛盾，但是一夜之间，当一段历史结束时，生活受到了颠覆，东边日出西边雨，道是无晴却有"情"；原先暗藏着的美好、谦和、温馨，第一次、也是最后一次成了这一片即将夷为平地的破房子的和声。

老房子是狭小的，局促的，紧迫的，但是与此相悖论的，是这里特有的市井式的闲哉悠哉。白天没有熙熙攘攘，晚上没有霓虹眩目，毫无精神上的压迫和生活节奏的逼迫。这样的闲适，一旦离开了狭小和局促的空间，一旦进入新居，就像《人证》中的那顶旧草帽，再也找不到了，因为闲适的市井磁场没有了。

最舍不得市井磁场消失的，还不是这片老屋的主人，是民俗学家、摄影家、小说家。一如剃头师傅三块钱剃只头，十块钱烫只头，一套剃头家什虽然老式，但是与老房子、老头子搭配，还真般配。这个场景，可能就绝迹了；但是这个场景，哪怕是对于100年后的上海，都是极其重要的市井文化实录。

农历是打麻将，公历是打八十分。麻将没有升级，六十年一个轮回；八十分是一级一级往上爬，如今都已经爬了两千多年了。

守不住的岁，共同度过

那个年代的主旋律是：风继续吹。

黑黑的天上横幅飘，横幅下面人儿吵。泛黄的路灯，像几十年后的外滩夜照明泛光，投射在"移风易俗，过一个革命化的春节"的跨马路横幅上，被跨着的马路，便是菜场了。只是夜照明照的不是夜，是黎明时分。猎猎北风，瑟瑟裤腿，啸啸人声。鸡鸭摊、肉摊、鱼摊、豆制品摊、蔬菜摊……每一个摊位前排队、排队，尽是排队。

菜场还未落市，食品店排队又掀起了新的高潮；总有一个长队等着你从最后一个开始。可能是为了一斤大白兔奶糖，可能是为了一包小核桃；直至年三十最后一次去排队，准是为了剃头，新年新衣裳新剃头，管他剃出来的是芋艿头还是马桶头。在很多石库门弄堂里，会有剃头师傅，价钱便宜，又省得排太长的队。

风继续吹。许许多多年的春节，就这样共同度过。

年终之现象

　　从来没有强调过要过一个革命化的元旦、革命化的国庆,唯独春节需要革命化,足以见得,春节的非革命化一直很坚强甚至很顽固。于是,在1969年的年初一清晨,"市百一店等商店革命职工,一进店就手捧宝书,向伟大领袖毛主席请示;还组织了毛泽东思想宣传小分队,用文艺形式在商场宣传毛主席'要进一步节约闹革命'等最新指示。"这是《解放日报》当年的通讯。只是愚公移山易,春节易俗难;移风易俗,移易掉的只不过是一层薄薄的尘埃,老百姓的骨子里,一年就为这一天,当然要把年留住。

　　排队是革命化春节的主背景,DIY则是革命化春节的主创,当然那时候不叫DIY,叫作自己动手丰衣足食,更确切地说,人人必须自己动手,因为社会提供的仅仅是原料。杀鸡、刮鱼鳞是DIY的,炒瓜子炒长生果是DIY的,衣服是DIY的,也有人家会送到弄堂口的缝纫摊去做，去把裤子的两条中线熨烫得像刀锋一样，那是条件好的人家；汤团是DIY的，为了借一个磨糯米的石磨，你得千谢万谢，还得排着队等人家用完；孩子们的玩具是DIY，当大人们在DIY年货时，女孩子从刚刚杀掉的公鸡尾巴上拔下几根鸡毛做毽子，或者从破衣服上拆下纽扣串起来"造房子"，男孩子从烂脚桶上卸下铁箍滚铁环，还有空手道的玩斗鸡……

在做怀旧式纪念时，普遍的声音都认同革命化的春节是苦中作乐。这声音忽略了很重要的一点，春节是一个需要热需要闹的节日，披星戴月的排队，走门串巷的借磨，滚铁环可以滚过三条弄堂，过了元旦就开始筹备春节，开放式的、长周期的、全身心投入的，和西方的圣诞节不无相似。贯穿春节的排队，更像是聚会，再夸张一点，是狂欢了。

农历是中国的土产，公历是舶来品。假如用棋牌来作比喻，农历是打麻将，公历是打八十分。麻将没有升级，一圈一圈地打，六十年一个轮回，八十分是一级一级往上爬，如今都已经爬了两千多年了。因为春节一年年的轮回，所以需要的不是更新，是守旧；守岁守岁，要守住的是过年最核心的、最陈旧的热闹；结果我们将贫穷和热闹一起丢失了。

风还在继续吹。

> 风情与规矩，眼界与尴尬，灵秀与内敛，细腻与隐忍，似乎唯有"妹妹"这个称谓才贴切于上海。

一声"妹妹"有讲究

中国有些地方的女孩子会被以"妹"相称，比如四川女孩叫作川妹，湖南女孩叫作湘妹，哈尔滨女孩可以叫作哈妹，感觉上女孩的模样正暗合了她们家乡的山清水秀；有些地方的女孩子被叫作"妹子"，似乎有了点滴刚性和爽朗。妹子也还是妹的意思，都是单音词，在她们的家乡，很亲切。在上海，却不能单音词地称妹，"上海妹"，是很侮辱人的。

上海的女孩子要以双音词称呼：妹妹。

"3号里妹妹，侬来帮我个忙……""15号妹妹文静是文静得来……"还是在有一条一条弄堂的时代，"妹妹"有点昵称的味道，是褒奖那些乖女孩子，有教养，懂礼貌，读书好，长得干干净净。"妹妹"和洋娃娃好像有相通之处。要是哪一个女孩子风风火火的，人家就不叫她妹妹了，可能是"张家的女儿"这样的称呼了。

作家孔明珠将她们定义为"上海妹妹"，这是她的一本书的书名。

确切地说，这并不是孔明珠对上海女孩的定义，而是她作为一个曾经的"上海妹妹"，对上海这个城市和这个城市的女孩之间柔软互动的忆旧。

忆旧的是上海俗常女孩子的俗常生活。尤其是1980年代以来，上海女孩的风情与规矩，眼界与尴尬，灵秀与内敛，细腻与隐忍，似乎唯有"妹妹"这个称谓才贴切于上海。比起现在的"女孩子"称呼，"妹妹"显得更加的朴素纯粹，并且年龄也就是十几岁才有资格，不像现在四五十岁还在自称"女孩子"或者"女生"，实在也是过于浓妆艳抹了。

"妹妹"，是有自己的标准的。

这个"妹妹"，我们是听得到的，就在隔音不算太好的隔壁和楼下，就在弄堂里，外人听不出什么区别，只有母亲和女儿心心相印，一声声略带拖音的"妹妹"，是弄堂市井的轻音乐。

这个"妹妹"，我们是看得到的，那个背了书包和女同学手拉手弄堂里蹦蹦跳跳的，那个带了男朋友回家羞答答地穿行于弄堂乘风凉邻居夹道欢迎的，那个总是可以把最时髦的穿戴修饰最巧妙地散落在自己身上的，是弄堂市井的水粉画。

这个"妹妹"还是我们认识的，那个长得娇小却是当了我们小学大队长的，那个青春期发育特别早的，那个两用衫外面总是戴一副袖套的，那个过早地替父母操持家务的，是弄堂市井两性关系的风俗人伦。

上海妹妹的过来之人，方能把握住上海妹妹的情结。有一次看电视，孔明珠在讲小时候家里吃蟹的故事。黄昏时候，父亲回家，一手拎个包，一手拎了一串大闸蟹，到了家门外，两只手腾不出来，便叫了声：妹妹，来拎蟹。这一声"妹妹"，和父爱有关，和吃蟹也有关。不管是对玫瑰细纱月饼的体会，还是对烫头发的勇敢，或者是对电话妹妹的怜爱，所有的场景非上海莫属，非上海妹妹莫属。

上海人有一手，在于上海人生活热情高于革命热情。

逍遥派也算是海派

即便是在最烦躁的酷暑天里，下午四五点钟，弄堂里冲过了水，家里揩了席子，拖了地板，便有口琴笛子声从某一个亭子间的窗口飘了出来，甚而，还有拉二胡的，敲扬琴的。也有在弄堂阴凉头，叫上几个人吹拉弹唱，就是弄堂里的"民族乐团"了。水平是谈不上的，但是会白相啊。也真有出人头地的，有个男人会谈弹琵琶，在工人文化宫参加培训，后来还真的在文化宫留了下来。

有一手的上海人，以前还真是不少。

上海有几家男人店，虬江路是淘电子管晶体管元件的集大成市场，只有男人会去，买回来还要装。那时候会装半导体的不在少数，会装电视机的也有几路英雄人马。还有音响器材，还有南京东路的航模，还有照相器材，中央商场……上海男人的零花钱到哪里去了？就到这些地方去了。在最苍白的年代里，上海男人的爱好一直延续着。男人没有免费的世界，零花钱就这样花出去了。

还有众多男人会在星期天擦车，擦自行车，现在是没有人这么做了，并不是那时候的男人比现在的男人勤劳、比现在的男人整洁，更多的是在保护自己家里贵重的固定资产——自行车——能够最直接炫耀一个家庭的经济实力的东西。28寸自行车后轮胎48根钢丝，一根根擦下来，吃辰光。擦车是一个大概念，实际上相当于保养，常常还要将自行车拆下来，再加一些零部件。保养过的自行车，踏起来就是轻巧，就是耐用，在自行车紧俏年代，有一辆自行车擦擦，也是小小的炫富和炫路道粗。永久和凤凰，是上海男人最得意的座驾。

上海人有一手，在于上海人生活热情高于革命热情。"文革"时有打砸抢的造反派，上海却有不少只顾自己生活的逍遥派，逍遥派是上海人喜欢自己动手的精神品质。

逍遥派还有更实际的意思，逍遥派是自得其乐的，乐在逍遥之中。他们学书法，学篆刻，学吹拉弹唱，装半导体无线电，听短波，做家具，敲鱼缸，装脚踏车，有更多的是偷偷摸摸地自习数理化。"文革"后涌现的一代艺术家、书法家、画家几乎都是逍遥派，"文革"后第一次高考中状元的，与逍遥派更是不谋而合。

根深蒂固的，上海男人有学得一技之长的心理。这一技之长，可能就是他的职业一技之长。上海盛产技术革新能手与一技之长的心理有关。也可能是生活的一技之长，搭阁楼，修自来水龙头，属于全能型的，也可能是和艺术相关，会吹口琴，吹笛子，拉手风琴，还懂一些好莱坞、交响乐……嘎起三胡来（沪语，聊起天来），上至天文地理，下至鸡毛蒜皮，样样事情都知道一点。这种男人，有一个很奇特的称号：三脚猫。如果一个专业者被称为三脚猫，那是贬称，如果一个业余者被称为三脚猫，那就是对他的肯定了。

中国的双休日,是从1995年5月1日起才开始的。之前的漫漫岁月,一星期只有一天休息。

市井版的"休息时断想"

改革开放后,《新民晚报》复刊,每个星期天有一个著名专栏"休息时断想",作者是秦绿枝,他的原名吴承惠,《新民晚报》原编委,副刊部主任。很短小的篇幅,写的也是生活琐事。"休息时断想"在当时影响极大,差不多是上海市民每个星期天的一个期待。

如今想来,这个专栏的名字有两层意思,一层意思是,所有的断想来自秦绿枝的休息时间;另一层意思是,所有的断想,是供读者在休息时间阅读的——"晚饭吃饱,看看晚报",成为延续了几十年的上海人休息方式和最代表民间精神的娱乐;甚至有人夸张地认为这就是最普及的上海人的夜生活,直至它的地位被电视取代。

相隔那么多年之后,断想一下当年的休息,断想一下当年休息的历史片断,仍旧会有很多断想。

休息日五花八门的家务事,本书其他章节已经备述,在此不断想了,就说说休息日难得的休息。

若是春暖花开秋高气爽的季节，休息时代也会春游秋游，当然没有奢望过出国游之类，"上有天堂，下有苏杭"，既是赞美苏州杭州，也说明，上海人要去一趟苏州杭州已经了不得了，接近于天堂。

最重要的出游是上海近郊的郊游，最主要的交通工具通过脚发生作用。起个大早，骑了自行车，带上面包、红肠、茶水、奶糖，还有席地而坐的报纸（后来渐渐发展成塑料布）。可以是一帮子青年人，他们的自行车肯定是父母亲的；可以是一个家庭的家庭行为，那肯定要预先向别人借好自行车。

踏青总是很少。不踏青的日子，吃了午饭，应该是一段美妙的聊天时段，早上浆洗，下午缝补，女人们在针线中穿插着孩子、男人、女人、结扎的话题，也会结着伴地去买出口转内销的处理商品。至于男人，有点小学识的去淘旧书，有点小钞票的去淘旧货，有点小本事的去淘半导体晶体管。

休息的一天行色匆匆。中国的双休日是从1995年5月1日起才开始实行的。之前的漫漫岁月，一星期只有一天休息。有些人因为是早班翻中班的大礼拜——星期六下午2点下班、星期一下午2点上班，就觉得额外地多了一天休息，而到了下一个星期，因为中班翻早班，变成星期六晚上11点下班、星期一早上6点上班，沮丧到了一天的休息都不到。在双休诞生之前的单休年代里，一周一天的休息，太珍贵了。

因为珍贵，会有人，而且有许多人，给自己增加休息。那就是"病休"。假如说，休闲年代的人们，因为岗位竞争的激烈，只有开到了（录用）条子才能上班，那么在休息时代，因为休息的短缺，只有开到了（生病）条子才能休息。托个医生，混一点头疼脑热的病假，或者在家里做家务，或者到外面去玩，是心照不宣的事情。

当然，这种"病假"一直受到正面舆论的谴责，报纸上常有小品文披露，某病休者在家里洗被单时，被单位领导生擒，举报者乃是平日里吵过架的邻居。哪像现在，真有了"病休"都不休息。不是现在的人觉悟高，是以前病休扣不了多少工资，现在，病休意味着有可能丢掉饭碗。

从休息年代跨越到休闲年代，是从苍白到缤纷的跨越，又是一脉相承的链接。虽然苍白也有苍白的趣味，但是，谁都不愿意回到休息年代去了。断想一下足矣。

看惯雁来雁去，淡了各种闲愁。随他秋山秋水，无心或许自由。

风情女人比比皆是，贤惠女人也应有尽有，唯独风情贤惠兼具的女人，就是上海女人，"上海制造"一点不为过。

上有老，下有小，当中还有……

"上有老下有小，当中还有阿庆嫂……"这是样板戏年代流行于上海的市井语言。阿庆嫂，并不是《沙家浜》中的阿庆嫂，而是上海中年夫妻的自嘲。恰是他们，承担着家庭三代人的生活重担。当时，还没有全民医保，老人孩子大多是自费就医，甚至不少老人都没有退休工资，全靠着自己子女的赡养，而子女还要养育自己的孩子。生活压力，重啊。

似乎也可以说，上海人夫妻，自有担当重任的能力。

上海男人将上海女人作为结婚对象的首选，地域文化的同质感当然重要。更要紧的是，上海女人，如同上海制造的轻工产品，她的有口皆碑，不是来自肤浅的自夸，而是来自她的品质，这份品质又包含了她的内涵、外表、风格、属性……中国传统文化中女人的最高境界——上得了厅堂，下得了厨房，在上海女人身上得到了几近完美的统一。这种传统文化落实到当下的上海女人身上，是风情和贤惠的兼具。风情女人比比皆是，贤惠女人也应有尽有，唯独风情贤惠兼具的女人，就是上海女人，"上海制造"一点不为过。

　　一个弄堂里走出来的女孩子，每天都还会做一些倒马桶之类的家务，但是出了弄堂一转身，风情小资立刻展现无余。风情是迷情药，男人好的就是这一口。

　　只是更多时候，风情可远观而不可亵玩——玩不起啊。女人不会陪着男人喝咖啡那是没味道，要是女人天天孵咖啡馆，时时玩情调，风情弥漫，对家庭不管不顾，这种女人，不是普通男人的老婆。幸好上海女人除了风情，还有贤惠。上海女人的贤惠来自上海这座城市的"规矩多"，江浙一带人家最重的是规矩，并且是有文化、有文明的规矩，对女人不求三从四德，而求做好一个女主人，女当家，要旺夫……这是上海做女人的规矩，也可以说是风范。

　　上海女人便是在这种风范教育中学会了有文化的贤惠，又将贤惠融和风情互相交融，定型为"上海制造"。"上海制造"的女人为人妻，富裕日子可以过得雍容典雅，贫穷日子照样不失尊严。半小时前还在家里做家务，半小时后已经勾了男人的手臂，去出席某场应酬，脑子里一瞬间还掠过一丝女当家的课题：明天要买什么菜；不见得是倾国倾城之貌，却是从骨子里散发出来的温婉适宜；不见得是一身品牌炫耀，却是打扮得一点看不出打扮的痕迹。

　　或许有人会以为这是夸张，上海男人与上海女人也不至于是永恒的天作之合。事实上，如今上海男人结婚的对象未必是上海女人，也未必上海女人才会情投意合，上海女人的婚姻对象也绝非上海男人专属。那是当然，所谓上海男人与上海女人的婚姻，本质上是地域文化的相同。如果文化相通，文明相同，地域便会淡化，但这是不可能的，北京人的婚姻最大的比值，仍旧是北京男人和北京女人，山东、广东、安徽、黑龙江……概莫如此。

错位可能是被迫

可能是如意

可能是侥幸

人与人的生理关系永远相错

人对人的心理思考一直自我

你不是云，不知道云何时化作雨滴

云不是你，不知道什么叫哭泣

蒙田说，我们的理念给事物定出价值：我们不是看了事物，而是看了自己定出价位。金刚石的价值在于有人买，美德的价值在于实行难，虔诚的价值在于痛苦，而良药的价值在于难以下咽。那只是不具有错位的智慧，以至会去攀附雅致，以至会去鄙视俗事，却不曾细想，雅俗也常常错位。

俗事情
有俗智慧

> 梦依附于人，但是在人和梦之间，梦是主人。也说得通，人是物质的，梦是精神的，精神当然高于物质。

预定一个梦

世界上唯一一件无法心想事成的事情，唯一一件花再多钱都没用的事情，是预定一个梦了。睡不着可以催眠，可以服安眠药，哪怕死了，都可以死而复生，至少可以雪藏在零下170摄氏度的冷柜里，待到科技发达时，他在丛中笑。唯独梦，谢绝预定。虽然说可以日有所思，夜有所梦，但是即使白天就盯着一件事情傻想千遍万遍，临睡前还祈祷着托梦于自己，一觉睡下去，要么彻夜不眠，要么竟然唯有鼾声未有梦境。

梦无法预定，也无法拒绝，俨然是个不速之客。不管美梦抑或噩梦，你请不动它，赶不了它，它却惊动得了你。甚至有人会为多梦而烦恼着去求医问药。中医一号脉，果然开出药方。"文革"时曾经有看过一部朝鲜电影，一个革命者被敌人抓获，革命者生怕自己讲梦话泄漏了机密，竟咬断自己舌头，以此断了敌人的妄想。其实做梦是很寻常的，不寻常的是，梦依附于人，但是在人和梦之间，梦是主人。

人生如梦何时醒，梦醒已随浮云去。

也说得通，人是物质的，梦是精神的，精神当然高于物质。

德国《今日心理学》杂志发现，人从出生的那天起就开始做梦，不是一会儿，而是整夜。每个人每天要做7个小时的梦，一周49小时，一年2 624个小时；有老话说一世人半世床，岂知在这半世床上，还要加上半世梦，只不过有些梦被断断续续地回忆起来，有些梦做得连自己都不知道。

很久以前有个童谣唱到：7点半上学校，老师上课我睡觉，睡了个觉，做了个梦，你说好笑不好笑？按照一夜7小时做梦的理论，一点都不好笑了。世界上只有一种人从不做梦，那是先天性的盲人，盲人没有视觉，梦也无法被激活。

按照德国科学家的说法，大部分男性在梦中曾与漂亮的女子，尤其是陌生女子发生性关系，这当然，贾宝玉的第一个青春梦是关于秦可卿的；而女性在梦中与男人的关系更多表现在感情上，经常是与男人有段浪漫的交往。

女人有时也做性梦，但不如男性频繁。哪怕是情投意合的夫妻，同床异梦一定是心照不宣的事情，所以再好的夫妻和男女，也无法和盘托出自己的梦境。女性梦出场人物比较多，情节也很曲折，而且女人常常能把梦中的事情生动地回忆起来。因为梦如此之诡秘，所以大凡说出来的梦，一定不是完全真的，再诚实的人说梦也不诚实，虽然说梦的失真和诚信无关。

有个女性对相熟的男士说，很奇怪我做梦做到你了，数日之后，男士居然也梦见到了女子，双方梦到了对方却不详解，他们是否各自印证了自己性别所承担的角色呢？

梦是如此之多，于是就延伸出一个行业，释梦，有心理辅导师，有自我释梦的教科书。弗洛伊德的《梦的解析》，相信是全世界学释的圣经，但是也可以相信，这个行当里绝大多数是释不了梦的。不仅因为梦太深奥，只配弗洛伊德这样的大师才有资格诠释，而且说出来的梦，往往都是主人加工过的工艺品，甚至是腌制品。诸如梦中做到了猫就是梦想红杏出墙，骗骗小孩子的。

不管怎么说，梦总是有很多美好的寄托，廊桥遗梦，梦中情人，梦工厂，梦之队……乃至名字中含"梦"的女孩子，也多了一份婉约。既然大多数的梦完成在床上，所以床就多承担了点责任。就此应该感谢一个不知名的翻译者，弹簧床垫（spring mattress）并没有翻译成乏味的斯普林麦屈里斯，而是每晚给你预定了一个梦——席梦思。

> 凡金发者和非金发者通婚，其子女一定不是金发，也正合了美丽总是脆弱的定律。

金 发 美 女

"谁把你的长发盘起"，算得上是经典歌词，假如被盘起的头发还是天然的金色，而不是挑染、彩染之类的人工附着，定然有了别一种的憧憬；落日余晖里，清风徐来，金发微微吹拂，令人想起当年戴安娜结婚时的美景。

有一位小女人，百分之百的中国血统，却是与生俱来头发不够黑，医生说是体质单薄。青春发育之后，小女人头发仍旧是褐色，倒是赶上了染发的时尚年代；她省了染发的钱，还免了潜在的副作用，天然的褐色长发，让姐妹淘羡慕煞。褐色如此，金发更加。

"金发美女"在很长一段时间里，是最美的美女的同义词，一个女性，美到倾国倾城，假如没有一头金发，总是打了些许折扣，所以，在非金发地域，甚至将金发女性概称为"金发女郎"，唯有金发女性有此殊遇，从未听过黑发女郎，要是白发，那是魔女了。

不过这样的美景，对所有憧憬金发美女的人来说，可能金发无限好，只是近绝迹。

按照英国科学家的推算，金发女郎也许将在200年内绝种，因为携带金发基因的人种越来越少。凡金发者和非金发者通婚，其子女一定不是金发，也正合了美丽总是脆弱的定律。科学家甚至更精确地预言：地球上最后一个金发女郎将于2202年出生在芬兰。好像是说史前最后一个恐龙降生在某年某地般的伤感。

科学家一定会为挽救金发而努力，某一年的诺贝尔奖金获得者或许就是因为激活了金发基因。要不然，全世界的女孩子将有关于头发的同一首歌：黑头发飘起来。

金发女郎的雅号，或许还是所谓长波浪的金发女郎，不乏美意，也不乏醋意和贬义。印象中美国女间谍大多是金发女郎，本土的女间谍女特务，红颜杀手，基本款式也都是长发飘飘。

1980年代之初，许多地方政府严格规定，机关女工作人员一律不得留长波浪，长发必须扎成辫子，不能随心所欲地披落下来。这条规定当然很荒唐，但是就像一份后来的调查所表明的那样，更多的男性希望女性留长发，还要随意地弥漫开来，大辫子虽然纯朴，却像是篱笆一样将自己严严实实得隔在篱笆内，长发才是一个年轻女性妩媚、柔和、生动和性感甚至爱情或者暧昧的集大成，于是也就有了"谁把你的长发盘起"的经典歌词。

在中国古代的爱情中，青丝要么是私订终身的信物，要么是一个柔情女子断情的绝唱。不管是喜剧还是悲剧，这一缕缕青丝的长度差不多是今天的披肩长发了。

女性身上所有的装扮变了又变，唯独长发飘飘，代代相传。也因为长发更明确地传递了男欢女爱，所以有时不免成为东窗事发的证据：这是小说、影视剧中的惯常伎俩：妻子在丈夫的西装甚至是在自家的卧床上，发现了一根长长的、不属于自己的头发；其实在生活中，婚外恋的头发不见得一定是长发，但是感觉上长发比短发年轻妩媚。多情应笑我，一头长发。

随着染发的普及，金发女郎遍及了全世界，至于这一头飘逸的金发被谁盘起，一点都不重要，因为如今新娘的秀发大都散落着。

金发女郎真要绝迹是伤感的，但是美国电影《美丽心灵》想到的是金发女郎引发的博弈论。《美丽心灵》是一部人物传记片，记录了20世纪伟大数学家约翰·纳什。在电影中，约翰·纳什深入剖析了金发女郎问题，并由此获得了1994年诺贝尔经济学奖。这是一个标准的双人博弈问题。

纳什发现，如果两个男士在三个或三个以上女士中都去追求唯一的金发女郎，他们不仅会被拒绝，还将惹恼其他女士，结果男士都没有找到女伴，这是最坏的结果。纳什建议所有男士都应该忘掉金发女郎，追求其他女士，这样男士们都不会空手而归。

这个著名的金发女郎博弈论，曾经引起全球性的争论。反对者说，虽然不邀请金发女郎可以得到其他女士的陪伴，但是毕竟金发女郎的魅力是不可抵挡的，冒着危险得到的快乐也是很值得的。

金发女郎为什么反而得不到别人追？这与太美丽的女人在一定的场合也没有人敢追是差不多的道理。于是可以演绎另一道非数学公式：金发等于美丽。

很想问一问那位天然褐色长发的小女人，她是被追得太多还是太少？

> 一个小女孩的最高荣誉是像洋娃娃,反过来,一个洋娃娃的最高荣誉是像真人一样;人向往虚拟世界,虚拟世界却以人作为范本。

娃 娃 脸

以前,要是一个小女孩长得可爱非常,会有一个让其他女孩暗暗羡慕的别称:洋娃娃,如果是上海人,就叫作洋囡囡;及至长大成人出嫁抱着孩子回娘家,街坊长辈已经叫不出当年小女孩的芳名,却一定记得洋囡囡这个别号:啊呀,洋囡囡的孩子都这么大了;因为洋娃娃是一个受称赞的雅号,可以一直叫着,人家听了也开心。

直至欧洲女人名字中文译名,波伏娃,莎拉波娃,还有爱娃,其实人家名字里并没有"娃"的意思,但是"娃"是最传神、也最富有联想的。

一个小女孩的最高荣誉是像洋娃娃,反过来,一个洋娃娃的最高荣誉是像真人一样;人向往虚拟世界,虚拟世界却以人作为范本。说不清楚到底应该是人像洋娃娃,还是洋娃娃像人。

这事情原本并不重要,只不过是女孩子的一个洋娃娃,如同男孩子的一部玩具车一样,芭比娃娃和穷孩子手里的布娃娃没有本质区别。但是区别不经意地暴露出来，而且还因为感情问题。

还是在2003年的时候，芭比娃娃的制造商决定让芭比娃娃和谈了43年恋爱的男朋友"肯尼"分手，理由和任何一对名人爱情一般，芭比和肯尼的罗曼史也有走完的一天。更为夸张的理由是，芭比想结婚了，但肯尼还不想，两人只有分手。这不仅符合当下爱情有生必有死的定律，也符合鲁迅先生在《伤逝》中为子君的指点迷津：不必伤逝，爱要时时更新。

仅仅过了一年，制造商宣布，肯尼决定回来了，争取再次赢回芭比美人的芳心。这又回归了"情人还是老的好"的怀旧套路，爱情故事也算是有过了波折，经历了风雨又可以见彩虹了。

一对洋娃娃的虚拟爱情，可以弄假成真，可以像当年查尔斯和戴安娜的婚姻一样惊动世界，只因为芭比是一个永葆青春魔力的美国女人。奥黛丽·赫本、玛丽莲·梦露、伊丽莎白·泰勒……俱往矣，数绝代佳人，还看芭比。

芭比娃娃从诞生以来，一共穿过10亿件衣服，10亿双鞋子，让女人从3岁开始做美梦，一直做到80岁。美国平均每个女孩拥有7个芭比娃娃，全世界每一秒钟便会卖出两个芭比娃娃，美梦的种子就像雨后春笋。不得了，都定义为信仰和爱情教科书了，所以，芭比必须以信仰的名义和公众人物的身份，守着和初恋男朋友肯尼的感情。

假如芭比真有灵性，心里也一定苦着呢，英国王子都可以离婚再婚，我却还被供奉着做一个圣女。

女人喜欢这样的芭比，就像男人喜欢芭比一样的女人。找到一个洋娃娃一样的女人做老婆，算得上是男人的福气。在"性感"这个词汇被堂皇地使用之前，"洋娃娃"最委婉地表达了性感的意思，曲线、服饰、色彩，与中国的布娃娃截然不同，完全不是"漂亮"和"好看"可以替代得了的。

有了洋娃娃，布娃娃真是相形见绌了，至少，不仅仅是不值钱，而且现在想来，她大约很难成为女人从3岁做美梦做到80岁的催梦剂——催美梦不算太难，难的是催美梦一辈子。在女孩子的房间里，甚至在女人的卧室里，时常有长毛绒玩具，温馨可爱兼具；最初是坐在床上，一段时间后套了个透明塑料袋搁在大衣橱的顶上，有好几个。有位女士乔迁，朋友问起她原先旧居时很可爱的长毛绒娃娃，女士像是伤感地说了声，留在旧房子里了。

长毛绒玩具要真有灵性，和谁拍拖，和谁分手，大约是无人知晓，也无人有兴趣的了。因为长毛绒娃娃仅仅是玩具。

终于有一天，洋娃娃到了上海，2009年芭比娃娃上海旗舰店开张了。当时的时尚界和商界，还有怀揣芭比娃娃梦的小资女人一片欢呼。旗舰店的前身是淮海路上的淮海电影院，倒也是足以勾起附近许多人美好回忆的地方。尤其是还没有"冷气"的年代，在检票口领一把纸面团扇进去，散场时归还原处，常有皮大王小孩在二楼朝底层扇风，一不小心，扇子随风而降。芭比娃娃在电影院的旧址翩然起舞，实在美好有加。

只是芭比娃娃到了上海后，很少听到她的消息，想必也是恬静温婉所致。两年之后的三八妇女节，媒体传来消息，因为水土不服，芭比娃娃宣布这家旗舰店从此停业。

洋娃娃在上海不是梦碎，是从来没有入梦过。就在芭比娃娃歇业的当天，淮海路迎来了每年一度的妇女节打折嘉年华。中国女人的梦大多短暂，实惠才是永久的。

> 喝酒是靠酒精打开自己性格之门,洗澡是凭一丝不挂释放自己的自由。

洗澡时想了什么

有人想调查洗澡时间长度。被调查者很容易想到是在暗访洗澡者生命力是否旺盛,动作是否麻利,当然是越快越好,三五分钟解决问题。没想到需要的不是这个答案,而是问,在洗澡过程中,会想什么。大部分的回答是,没想什么,确切地说是想不起来想过了什么。洗澡通常很少想事情,如果想事情,通常是泡浴而非淋浴,因为泡浴是可以泡很长时间,淋浴是淋不长的。

罗马时代的意大利人以热衷洗澡出名,并且哂笑法国人常年不洗澡。有人问罗马国王为什么每天都要洗一次澡,国王回答:因为太忙了,所以不能每天洗两次啊。名画《马拉之死》中的政治家马拉,正是在浴缸中起草文件,不过很不幸,文件尚未拟就,却被刺在浴缸。不爱洗澡的法国人无奈只能对着身上喷点液体消除异味。意大利人和法国人的这两个习惯造就了人类生活的两大文化成果,法国人对着身体喷上去的液体,后来雅称为香水,马拉洗澡遇刺成为后来好莱坞电影的经典凶杀场面。

撇开为洗澡而洗澡,应该说,洗澡是快乐的。与喝酒有异曲同工之妙绝;只不过喝酒是众乐乐,洗澡是独乐乐。喝酒是靠酒精打开自己性格之门,洗澡是凭一丝不挂释放自己的自由。再五音不全的人都憋不住一边洗澡一边哼几句,甚至就引吭高歌;《洗澡》那部电影里有个歌唱家得了心理疾病,只有在冲淋中才能唱出《我的太阳》。

每个成年人都会有关于洗澡的最难忘回忆。在青春期,洗澡是一个最美妙的想入非非时刻,人对异性第一次的好感和憧憬,大多在洗澡时蠢蠢欲动。意淫的想入非非常常始于洗澡,少年时代在一个木盆里洗澡,又是一两个星期洗一次澡,又是胡思乱想的年纪,没有大人紧催,实在是舍不得起身。

女人对洗澡的乐趣和男人是差不多年纪的开始,但是女人喜欢洗澡,将会伴随女人自恋的漫长岁月。人类发明的皂液,是给女人用来摩挲体肤的,大自然诞生的玫瑰,也被女人撒在了浴缸的水面上,玫瑰花瓣是性和浪漫的温婉挑逗,事实上,谁都说不上玫瑰浴有什么美体的作用,这无关紧要。

杨贵妃就有过各种高贵植物浴的经典故事。杨贵妃在华清池海棠汤浴罢,"即出来,体弱力微,若不盛罗绮,光彩焕发,转照动人"。这是对贵妃出浴后的生动写照。唐玄宗更是对贵妃出浴大加赞赏:目视浴罢的杨贵妃,不禁感叹道:"美人新浴,如出水芙蓉。"女人洗浴,男人观浴,直至好莱坞大片,还是百拍不厌的场景。一个人的心动在浴缸,一个人的心死在床上——暧昧的事情洗澡时想,分手的事情睡觉时定。

洗澡的作用还不止于此。美国华盛顿大学的心理学者索耶将洗澡看作是创造力和想象力的三大灵光乍现处之首,这三大灵光乍现之圣地也就是三个B:浴缸(bathtub)、床(bed)和公交车(bus),三个B所产生的想象力是一瞬间的,但是往往就是这一瞬间的火花,超过了几十个人西装革履、正襟危坐的研究讨论，头脑风暴。

1990年，"哈勃"望远镜镜头倾斜问题的最后解决，来自一个美国工程师淋浴时从可调式折叠杆上的喷头获得的灵感。古罗马之所以会享有"古罗马"的美称，之所以诞生了那么多的哲学家艺术家，估计和罗马人热衷洗澡有关。

既然淋浴会产生灵感，那么淋浴的花洒，怎么洒，关系到了灵感会不会产生，怎么产生。德国有家做花洒的企业，花大价钱研究，多少大的水流、多少分贝的水流声，是最容易激发灵感的。有空的民族总是喜欢做有空的事情。

要让洗澡成为三B之首，涉及到洗澡的时间。像点心店吃面吃馄饨般地匆匆而浴，基本上是将自己设置在由水、管道、浴缸或冲淋房和人组成的工业流水线中。一次次匆匆结束洗澡，偶尔也会有些许后怕，自己就这样成了杀手——扼杀自己想象力和创造力的杀手。于是将一个需要想象力的问题移交给了第二个B，床，年轻时候会为了一个人一件事一篇文章想一个晚上。更不幸，第二个B虽然时间不算很短，但是很快滑到了S——sleep，睡着了。

1975年，上海青年组织派人调查在外滩情人墙谈恋爱的男男女女行为举止，结果发现，"不少女同志裙子很短，在膝盖以上二三厘米，有的甚至还要短"。

膝盖以上两厘米

两厘米，有关裙子。

记忆中最为春风荡漾的裙子，当属玛丽莲·梦露一刻，站在地下通风口上、按捺不住裙子，像是按捺不住百媚狂放。六十多年后欣赏这张照片，仍旧不明白到底是应该欣赏梦露，还是欣赏摄影师的创意，还是欣赏那一条按捺不住的裙子。当然在很长一段时间里，在很多人的视线中，这张照片属于色情一类。

女性服装中，裙子属于最有道德起伏的，下过草堂、上过厅堂，也常常不登大雅之堂。裙子最初还是为了干活而围在腰际的时候，它叫作围裙，女人穿，男人也穿。某一天一个聪明的村姑突然发现了它的美学价值，褪去了围裙内的长裤，野百合也会有春天，布围裙撒娇更欢颜；于是属于女人的裙子诞生了。只有苏格兰男人还维系着围裙的旧时光。一旦专属女人，裙子渐渐长，领口渐渐低，到了及地的晚礼服，裙子也就完成了从村姑到淑媛、从苔丝姑娘到安娜·卡列尼娜脱胎换骨的革命。

当裙子再一次向短变化的时候，裙子的长短成了道德的标准。1975年，上海青年组织派人调查在外滩情人墙谈恋爱的男男女女行为举止，结果发现，"不少女同志裙子很短，在膝盖以上二三厘米，有的甚至还要短"。膝盖恰似黄浦江的水位警戒线，超过警戒线者就以超短裙论处，而"超短裙"三个字，基本上代表了不好的女人的生活作风。当年有一个被普遍认同的观点是：好服装是被坏女人带头穿出来的。

在"文革"时期，有一款最短的超短裙恰恰出现在一部红色电影之中，那就是苏联电影《列宁在1918年》中的"四小天鹅舞"。用现在的标准看，这有什么呀？但是在那时，这么短的白裙子还是撑开来的，都能看到女人两腿之中，怎么不心惊肉跳！当时的黑白电影效果差，也普遍地缺乏看芭蕾舞的常识，甚至还有人说，四小天鹅是只穿裙子不穿裤子的。这段"最黄色"的超短裙芭蕾舞，因为与电影情节紧紧缠绕而无法剪去。当年看十遍八遍《列宁在1918年》，其实是为了看十遍八遍"天鹅湖"的超短裙，哀婉音乐起，似是故人来。

几十年过后，风尚大开，再短的裙子无所谓，超短裙仍旧鬼魅性感，以至在国际网坛女明星流行超短裙之后，国际乒联提议女子乒乓球选手，也要穿超短裙比赛，对提高乒乓球比赛的票房和广告收入大有裨益。只是穿惯了乒乓裤的中国女选手，试着穿了超短裙打球，就是打不好，后来此方案只得折中，裙裤皆随意。

而后又进入热裤时代，有人问什么是热裤，旁人笑答：比三角裤多只角。哦！倘若说超短裙的底线讲究从膝盖向上几厘米，那么热裤的高限丈量的是从腰向下几厘米。匈牙利布达佩斯的一个区长对超短裙的理解与众不同，他认为，只有长着两条"完美无缺大腿"的女人，才有资格穿超短裙。没想到认同这种刻薄观点的，更多的是自认为腿型不完美的女生。

两条藕一样的腿,当然不能穿超短裙,两条竹竿一样的腿,也不能穿超短裙。但是藕腿、竹竿腿不管穿什么裤裙,显露的仍旧是两条不完美的腿。藕腿、竹竿腿也有追求美丽的权利,小狗不必因为有大狗在而不敢叫,藕和竹竿也要过春天;况且所有的时装都是为模特度身定制的。除了这群T桥上的尤物,完美无缺的大腿,也只有玛丽莲·梦露了。

而梦露的这一张站在地下通风口上、按捺不住裙子照片,却没有几条完美的大腿敢效仿:仅仅有完美的大腿是不够的。

> 每个人的一生都是随风而来,随风而逝。我在逝去某些生活,某些生活也在逝去我。

随 风 而 逝

"随风而逝",会有不少人略感陌生,要是说到"飘",尤其要是说到"乱世佳人"几乎不会有人说不知道了。《随风而逝》恰是《飘》和《乱世佳人》英文原名——Gone with the wind。中文意译非常传神:乱世佳人,不就是随风而逝吗?

以前习惯将随风而逝看作是消极颓废的情绪,似乎弱化了人的主观能动性,否定了人的坚强意志,人还要胜天呢。如今想来当然可笑,别说乱世佳人会随风而逝,不乱世的佳人,也是风吹而过。随风而逝倒是更多地体现了人性的脆弱,世事的无常,往往只是一阵微风拂面,却已经物是人非。

男女关系中有太多此类的故事。还在很热络的时候,女人玩笑说,说不定那时候我们已经很生分了;男人说,不可能的;后来还真是生分了。不见得有是非恩怨,只是吹来了一阵风。也不见得被风吹开的都是轻浮,既有始,也就有终。有疾会有终,无疾也会有终。随风而逝,算是自嘲,也算是放下。

寻常的朋友圈也是如此。有段时间彼此积极性可谓亢奋,隔三岔五要聚会,微信聊天绵绵流长,有时候生出了纠纷,有时候没有纠纷,兴致一夜之间冷了下来,那一个或者几个朋友,像是已经到了视线的边缘,假如不是刻意去看,也就看不到。再要去修复关系不仅勉强,甚至就觉得些许的怪异。

随风而逝的是人、是事、是物,也是自己。

人是渺小的,也是被动的,每个人的一生都是随风而来,随风而逝。逝去脐带逝去胎毛,大约是最初的逝去,而后便开始经历无穷的逝去。幼年少年,都不会意识到自己是在逝去。其实逝去贯穿着每一天。因为每一次逝去就是每一次的成长,所以也就忽略了逝去的存在。

一个小孩子会为自己再也不需要被父母亲紧紧拉着手走路而兴奋,他不可能意识到,他的父母却是从此逝去了紧紧拉着他的手的乐趣。直至青春期,才是第一次为逝去而惆怅,以前叫作抓住青春的尾巴,如今叫作致我们终将逝去的青春,才意识到我在逝去某些生活,某些生活也在逝去我。

虽然还是在顽强地抵抗,但是越来越被生活征服,那就是随风而逝,并且在逝去的同时,越来越缺少新鲜生活的补充,待到老年将至,越来越惧怕逝去,这也就是为什么所有的老人,都守旧恋旧的缘故吧。

抑或人的一生在随风而逝中就是如此的沧桑和宿命?不是,却也并非完全不是。去过一些朋友的家里,原先是三口之家,而后孩子结婚了,不管是儿子还是女儿,因为有独立的婚房,事实上都是"出嫁"了。几年之后,父母亲仍旧保留着孩子结婚前的那一间卧室,书桌在,床也在,说是孩子有急事可以留宿的。其实孩子后来一天也没有回来住过,父母也深知不会住回来,但是仍旧保留着。保留着的是自己与孩子间的气息。如果孩子房间的格局变了,那种气息也就淡了，慢慢随风而逝了。

孩子则是要到很久远的以后幡然醒悟，在很兴奋地走向自己的新房走向自己的新生活那一刻，自己结婚前与父母的那种天天重复的琐碎的乐趣，比如被父母亲唠叨的晚睡晚起，被父母亲批评的丢三落四……也早就随风而逝。耳边依稀传来的是李叔同的《送别》——长亭外，古道边，芳草碧连天，晚风抚柳笛声残，夕阳山外山……

云起一团团，往事在飘荡。独坐有所思，清风过眼前。

安乐地离开世界是值得钦佩的,痛苦地坚守世界也是值得敬重的,不同的生命价值观体现了同样的生命尊严。

泰山与鸿毛之间

或重于泰山,或轻于鸿毛——司马迁说的是人之逝去,实际意思说的是对一个人一生掂量。司马迁这么说,是因为他自己是一个伟人,他对人生有特别高的衡量标准,犹如对他自己,即使遭受腐刑仍发奋著《史记》,这就是重于泰山。

只是更多的市井百姓之生与死,既无法名垂千古,也不会遗臭万年,重重不过泰山,轻轻不过鸿毛,所以最平常的人,也固有一死——或轻于泰山,或重于鸿毛。

当然,最寻常的人也有自己的一生,也看重自己,也有自己的生死价值观,他们的生死和生死价值观也让亲人扼腕,也让旁人敬佩。

有一对耄耋老夫妻就是如此。几年前,妻子中风,半身不遂,老先生细心照料,只要天气好,便会推着轮椅小区走走,让老太太冬日晒晒太阳,夏天吹吹凉风,让老太太在小区里和邻居拉拉家常。四年过后,老先生日渐佝偻,老太太病情加剧,小区里不再有老夫妻的身影。有邻居建议老夫妻请子女来照顾，至少把钥匙给子女，子女也是如此的心愿，老先生执意不肯。终于有一天，邻居在老夫妻房门外闻到了煤气味道，老先生为妻子和自己设计了特别的谢幕仪式，谢幕词则是老先生给众邻居的感谢信。法国电影《爱意》，几乎是这个上海故事的巴黎版。

还有一位刚过六十的先生，一位骑行爱好者，有不适，去检查便是肿瘤的晚期。在家人蒙受痛苦时，未料晴天霹雳袭来。这位先生留下遗言，称道自己不愿意接受痛苦而无望的治疗，将投入蓝天白云的怀抱，至此无影无踪。

耄耋老夫妻的谢幕方式让人在叹惋中有敬佩，到了给自己画上生命句号的时候，他们有勇气。而刚刚花甲之年的那位先生不辞而别，让人惊愕、让人觉得过于决绝，但是对于有更大勇气的当事人来说，他看不到希望，看得到的只是没有价值的生命痛苦所拉伸的一小段时间长度。

更多人就在我们身边，甚至就是我们的挚友和亲人，他们抗争了，但是还是走了。这是最寻常的一种被动式离别。谁都知道这种离别残酷并且不可更改，但是与疾病抗争仍旧是令人尊敬，即使他们已是垂暮之年，即使已经卧病在床，对待生命去留的态度，很难在理智与情感间，简单划清界限。

再柔软的感情也有坚决，再冷峻的理智也会退让，再复杂的感情世界，总有理智到达不了的地方。

F1车王舒马赫，2013年12月在滑雪中头部受伤，至今未醒，即使某一天醒来，也将是另一个和家人和世界不再拥有原先关联的舒马赫了，但是他的家人一是坚持着。坚持着的是什么？是感情，是舒马赫的呼吸与心跳。舒马赫乃至所有类似的不幸者，在病床上插满管子，痛苦绵绵；昔日威风全无，尊严也全无，但是家人的照顾和陪伴，本身也是尊严。

安乐地离开世界是值得钦佩的，痛苦地坚守世界也是值得敬重的，不同的生命价值观体现了同样的生命尊严。这其中的芸芸众生，有来到也必有告别，对于社会，几乎留不下声影，人生的分量总是在于泰山鸿毛之间，但是对于自己，对于最亲近的人，总是最重要的。

纵有百年生涯，不过一尺闲梦。直须大胆假设，还得小心求证。

> 一个了不起的人，一定是敢于认输、具有忏悔精神的人，一个了不起的人，也一定是会欣然接受别人道歉、别人认输的人。

你　赢　了

不知道是从什么时候开始，英语字母V会成了席卷全中国的一个拍照手势，每一个风景地带，都是V的天下，还常常是双手的V。V手势，是Victory（胜利）的首字母。这是一个既美丽又有意义的手势。只是V手势太多乃至泛滥的时候，且不说没有个性，仿佛谁都在说我胜利了，事实上每一个V手势的胜利都是个性化的，是相互排斥的。问题也就来了，谁都说我赢了，那么谁输了？如同后来的"比心"之类，哪有每个人的心都亮出来的？哪有每个人的心都同心同德地爱着别人？那还比什么心呢？

很多年以前看过一部德国电影，不是很经典的片子，忘记了片名和情节，只记住了其中一个足够经典的场景。两个男人为了不同的主张争来争去，一个占据了上风，另一个还在顽抗；忽而，顽抗者停顿了，双肩一耸双手一摊，轻声说道：对不起，你赢了。那位胜利者轻轻一拍败者的肩膀，以一个微笑结束了几秒钟之前还非常调动肾上腺素的争论，并没有得意地 V 一下。

很多人知道，V 手势和二战有关。1940 年，德国法西斯入侵西欧各国，逃亡到英国的比利时人维克托·德拉维利，在 1940 年底的一次电台广播中，号召同胞们奋起抵抗德国侵略军，并建议在公共场所写上"V"字以表示胜利的信心。于是用粉笔写的"V"字出现在欧洲各沦陷国的大街小巷。后来，英国首相丘吉尔在一次游行检阅中，也用 V 来表示决胜的信心。

回到那部电影中"你赢了"的场景。

这个场景之经典，不在于它的普遍，恰恰在于它的不普遍。更多生活场景中的争论和吵架，没有人主动认输；即使旁观者都看得很明白，还委婉劝解，其实那个没道理的人心里也明白错的是自己，但是仍旧不愿意善罢甘休。争论从未有穷期。

为什么不可以说一声"你赢了"？不可以。输家没有认输的胸怀，赢家又何尝有接受认输的境界？胜者又岂肯以一个默默的微笑来结束战斗？胜利者的姿态一定要摆出来的，从精神上羞辱对方是必须的。于是又勾起了那位事实上的败者再度恶语相向。两个人仍旧都是以 V 者自居。恰如被人讥讽的那样，V 太像剪刀了，剪别人一刀。有时候真有是非，有时候本没有是非，吵着吵着就有是非了。

一个了不起的人，一定是做了了不起事情的人，这了不起中，一定是包括他坦承自己做错过事情，甚至做过非常错的事情。一个了不起的人，一定是具有忏悔精神的人。当然一个了不起的人，也一定是会欣然接受别人道歉、别人认输的人。一个很诚恳认错，很诚恳接受对方认错、很诚恳彼此接受对方提议的环境，反而看不到是非丛生，反而此起彼伏地表现出诸多人性的柔美和人文的高度。

不过，总是应该先有道歉才会有原谅；先有忏悔才会有宽恕。这是必须的先后，先后的必须。

> 手握手是客套，手拉手是友好，手牵手是爱好，手把手是诀窍。

男 左 女 右

手的基本用处有三，一是干活，二是握手，三是了却私情。

一旦进入诗情画意，手常常婉约起来，总关乎男男女女。"红酥手，黄縢酒，满城春色宫墙柳"，即使不知道出自陆游的《钗头凤》，也会感觉到手在私情中的绵软；至于"执手相看泪眼，竟无语凝噎，"越发感觉到手在两性关系中的角色。

曾经广为手抄流传的《第二次握手》，是一段由握手引发情愫的断断续续。以前妇人看医生，妇人躺在一帘床幔之内，郎中在窗幔外，搭在一根线上，线的另一头系在妇人腕上，称为线脉。常有人怀疑线脉的可信度，但是没有办法，手的暧昧性质决定了手的羞怯隐晦。

更以前，荆轲将去行刺秦王，燕国太子设歌舞招待。荆轲看得女演员不仅琴弹得行云流水，一双玉手更是柔滑纤细，便脱口而出"好手"。太子即把女演员送给荆轲，偏偏荆轲装得像个手模特的经纪人，爱手而不爱色。于是太子下令砍下女演员的手，装在一只玉盘上送给荆轲。在热衷哲学的年纪，老师以此为例，强调个体和整体的关系，再美的手，一旦从美人身上分离，美就不再存在。

如今女性的手生逢其时，不仅手完全展露，连手臂也可以一览无遗，在庄重的场合，男女之间握手，没有人会意外，也根本不足以想入非非。虽然所有的暧昧都是从手开始，虽然握上去的冰凉小手一定有异性的体感，但是暧昧很少从握手开始，要开始也是牵手，那是没有距离的两手相交。"十指相扣"云云，那是明星被拍到的八卦绯闻证据。握手好像总是正襟危坐的序幕，也表明双方之间的距离。

不过有种信息一直被大家忽视了：握手的力度不仅说明友谊的深浅，也说明身体的好坏。

匹兹堡大学一项实验表明，纽约和新德里两个城市的年轻女性平均握力计指数为35磅；纽约老年女性平均指数为18磅，新德里老年女性平均握力只有10磅；导致两个城市老年妇女握力差距的，是生活水平的差距，生活水平高、身体好、中气足，握力也大，握起手来也就紧紧地，还会晃啊晃的，显示热情高涨。

生活中真是会遇到太喜欢握手的人，握住人家的手不放，想要抽出来都没有机会，人家这般显示友情的，也只好将自己的手交给那一只一点感觉都没有的手。话说完了，手还紧紧握着。

握力是不必通过握手来表达的。尤其是女人。有修养的女人握手，仅仅是将手指轻轻绵软插在对方的手心里。大凡频频握手的女人，生活水平不低，越有钱的女人，伸出来的手越是绵软无力。每天要买菜做饭、拎了有点分量的马夹袋轧公交轧地铁的女人，钱不甚多，握力却成反比，这样的手，纤细柔滑不可能了，粗粗细细的纹路里，刻上了贤妻良母的印记。

假如一位女性握手握得人家哇哇叫，她大概是女子举重运动员，抓杠铃用力用惯了。反过来说，贫寒时代，普通人握力皆非凡。宣传画里的工农兵，打出去的拳头笑称铁拳。一拳头打得各种各样的敌人屁滚尿流；而那时候粮食还限量呢。人没什么力气，手则力量无穷。有一个农民劳模后来当了领导，他选拔干部的经验是握手，握手间摩擦到了对方手掌的老茧，那就成了，要不然，说明对方缺少一双勤劳的手。没有金刚钻，别揽瓷器活，那金刚钻，竟然是老茧。假如一个人被人家形容手无缚鸡之力，那是小资情调，被人家看不起的，现在有几个人缚得了鸡呢？能缚几只蟹就是能工巧匠了。

手握手是客套，手拉手是友好，手牵手是爱好，手把手是诀窍。在文学青年风起云涌的时代，据说曾经有些许编辑老师喜欢手把手地辅导文学女青年写文章，算是一大发明。

所幸，这个"手工业"随着文学的不景气而早早衰败了。在不是很熟的聚会上还有看手相：男左女右。那不是握手，而是捏手，有关生命线、事业线，还有最要紧的爱情线，像真的一样。茶余饭后，足以活跃气氛，拉近彼此间距离。捏人家的那只手，通常是男人的，很少见到女人给人看相的；被捏的那一只手，有男人，有女人，也可以捏老半天，是否心甘情愿，就不得而知了。

> 物质优越感是一种可畏的显摆，精神优越感是一种可怕的力量。

精神优越感

一位朋友讲了一段亲身经历的故事。在日本新干线上，有几个站立者，却也见到有空座位。车开了，有站立者躬身问空位旁边的坐位者，空位是否有人，坐位者——不是日本人，点头示意有人。问者再次躬身道谢。火车开了半个多小时，中间也停了好几站，有上下客。车厢里继续着两个"始终"：始终有人站立，那一个空座位始终空着。其实还有第三个"始终"：从第一个站立者问过那一个坐位者之后，始终没有人再问一次，更没有人对那个坐位者有任何言语和眼神的不屑。站立者有看手机的，有看报的，有互相低语的，再没有去瞟一眼那个空座位的。

似乎这是日本人国民素养好的例证，有"精日"之称，同时也有素养不好的外国人作为对比。

去过日本的人，都会对日本人的亲和微笑留下深刻印象，即使有外国人失礼的举动，日本人仍旧不失亲和微笑。看多了，渐渐觉得，日本人的亲和微笑，是文化修养，又不仅仅是文化修养。在本地的市井民俗中也会感受得到，只是不如日本那么普遍罢了。

这是优越感。人是会为自己的优越感惬意的。

优越感以往一直是贬义的，尤其是当一个人以自己的家庭背景为荣耀，以自己的物质享受作为骄傲，那是不应该有却实实在在有的优越感。当下市井社会恰恰又是为物质优越感提供了炫目的可能，房子，车子，奢侈品，物质享受，都极有可能成为优越感的标签。为物质优越感炫耀很难，也很容易，需要钱不需要文化。

精神优越感也需要钱，还需要文化和修养，需要建立在文化和修养之上的境界。杜甫名句"一览众山小"，有其本义，却也是可以用来注解一个人的精神优越感。一个人登上了山顶，不再可以和山脚下的一树一草计较了，不仅不可以计较，都不可以再去贬斥一树一草的低矮了，如果计较了贬斥了，那就枉为会当凌绝顶。没有高度就没有境界，有了高度也未必有境界。

有人认为这种境界是需要定力的，需要提醒自己不可以计较。这恰是对精神优越感的误读。物质优越感有惬意，精神优越感也惬意。火车上的那几个站客，虽然站着不如坐着舒坦，但是看到了精神世界狭小低下的他们存在，与其让这一个占座者意识到自己的低矮，不如让自己更显得高大，这才是惬意，才是优越感。

做一件惬意的事情，当然不再需要定力。也许他们当中的某一位会上传到微信，有照片，甚至有视频，在微信的字句里，表现出了自己的高尚。只是精神优越感表现出来的时候，已经不优越了，自有同样的亲历者一直保持着莞尔一笑的默然。精神优越感在于不表现，也不期待被颂扬；如果要说在意，也许是有同样优越感的人的会心一笑，或者是刚刚登上了境界的人的发现：众里寻他千百度，蓦然回首，那人却在灯火阑珊处。

物质优越感是一种可畏的显摆，精神优越感是一种可怕的力量。

快乐不是孤立的，不像是放一个鞭炮，"砰乓"两下就没有了，真正的快乐是一条生物链，所有的快乐都是互为因果互相推动。

精神虚荣心

如今几乎每家人家都是"拈花惹草"的，各种花卉植物，阳台上、客厅，乃至卧室，总是有一点的，家里宽敞了，需要有绿色的植物来陪伴生活；如是富裕之家或者那些花卉癖，还会栽养名贵的花木，还会请朋友到家里分享，当然更方便也是更沾沾自喜的是拍几张照片，第一时间上传到了微信朋友圈，还发短视频，今后还会上传到更新的电子通信系统。

斗胆向拈花惹草者提一个看似牵强的问题：你是用什么器皿浇花的？你是否在意过应该用什么器皿浇花？普通的水壶，小面盆，可乐瓶，那都不是专门器具，只是生活小窍门的多用，还有塑料喷水壶，可惜啊，塑料喷水壶初用时，水雾茫茫，有点迷人的，没几日，喷出来的不再是水雾，是几缕小水柱……栽养过的花木记得住，用过的浇水器不曾想。

浇水器皿那么重要吗？当你觉得不重要的时候，确实不重要，当你觉得重要的时候，它就重要了。它有关一个最肤浅也是最深刻的世界话题——快乐。

在一个世界范围的有关快乐的调查中，丹麦已经不是第一次名列第一，这个安徒生的家乡。

快乐既是奢侈的，又是抽象的，要让它成为具体的生活内容好像不是很容易，但是也只有当快乐是寻常的、是具体的时候，快乐才是真正的快乐。

丹麦人的快乐可以说是充满了童话色彩的，又是看得见摸得着的。丹麦是高福利国家，又是一个高税收的国家。比如，一个失业者可以拿到3 000元的失业金，一个拿5 000元工资的人要缴百分之五十的税，一个拿1万元工资的人要缴百分之七十的税，也就是说这三种人最低收入的不是失业者，而是月薪5 000元的人，月薪1万元的人也仅比失业金高出500元。

那么是否人们就好逸恶劳、不想工作了？再进一步推论，丹麦就应该是一个慵懒的国度。事实正相反，丹麦人很喜欢工作，喜欢的理由在于他们会觉得他们的工作充满了创造力和想象力，他们是为了快乐而工作。这快乐之中尤其包含了尊严，或者可以说是精神虚荣心。我是一个因为工作而获得薪资的人，这是精神虚荣心，一个没有精神虚荣心的民族，是一个乞丐也可以晒笑劳动的民族。

有一个数字印证了他们的说法，丹麦的人均GDP位于全球第五位，这个数字足以使丹麦人成为全世界最富足、最快乐的人。

于是产生了一个问题，有什么工作可以是有创造力想象力的，可以是创造巨大利润的，可以是越做越喜欢的？

是他们的创意产业，需要艺术创造力和想象力的手工艺工业。比如一把浇花的水壶，按照丹麦人的理念，花是自己的喜爱，如同对女友，对男友，所以浇花的水壶一定要极其精致，绝不能用一把破旧的烧水壶、甚至是塑料瓶来替代；于是有人会精心打造浇花水壶，可以成为名扬世界的创意产品，当然它的价钱也一定是昂贵的。这就是价值,是艺术的价值和快乐的价值。这样的快乐,当然不是拿失业金的人可以获得的,缴了很多税的人,缴掉的是税,得到的是快乐。

叫一个丹麦人用可乐瓶浇水,他觉得是在羞辱花,也是羞辱自己,这有点像黛玉葬花的气质;叫一个中国人花几千元去买一把浇水壶,只是浇花,不做他用,中国人会哈哈一笑:除非是送给我——对于丹麦人来说,浇水壶应该是自己买的才是开心。中国人现在很有钱,几千元上万元,上十万上百万元也在所不惜,会去买包,买表,坐头等舱……丹麦人反而却步。

虚荣心有两种,物质虚荣心和精神虚荣心,物质虚荣心是做给人家看的,精神虚荣心是做给自己享受的。精神虚荣心的流行解释是,品位、气质。精神虚荣心的满足,才是持久的快乐。

快乐已经成为一个全球化的课题。每个人都在追求快乐,但是快乐,你可以发现的是,它不是孤立的,不像是放一个鞭炮,"砰乓"两下就没有了。真正的快乐是一条生物链,所有的快乐都是互为因果互相推动,然后这条链一直转动,无论谁,无论处于哪个社会层次,不需要去寻找,而是感觉到了自己的快乐的位置。这很像是安徒生的童话,但是比安徒生童话更难,更有意思。

假如一个人的心像臀围一样可以拿尺量一下，减低了谈情说爱的难度，却也扼杀了爱情的玄机，没有玄机也就没有爱情。

第 三 围

美好事情的象征和比喻，也应该与美好相呼应。比如月亮表面上的阴影，中国古人喻之以玉兔，绝不会比之于老鼠，其实鼠兔还真有点形似；假如米老鼠早诞生三五千年，被千万人举头仰望、低头思恋的福分，或许轮不到兔子。

爱情当属美好中的美好，有关爱情的象征和比喻，即使比之于如草木之繁多也不为过。最传世、最普及的象征，是"心"形符号，把心掏出来做一个表白，再也没有比之更加言为心声的了。这个符号可以印在情人卡上，可以做成巧克力，以前还流行过将照片粘在抠了一个心形图案的纸板上送给心上人。用不着翻译、放之四海爱情而公认的就是这么一个心形符号。

但是美国的一个心理学家认为，几千年来人们误读了这个符号的指代，他断言，这个符号不是心，而是从女性的臀部演化而来。他的这个发现是在"发现频道"中阐发的，所以也不能说它是天方夜谭。

按照他的说法，心脏的形状上端不内陷，下端也不尖，而女性臀部恰与心形符号相似；况且，古希腊就是把女性臀部的曲线与美联系在一起；希腊神话中的美神阿芙罗狄蒂臀部特别美丽，以至希腊人为她建立了一个特别的寺庙 Aphrodite Kallipygos，意思是拥有美丽臀部的女神。

捕风捉影还真有点风有点影，因为这个符号依旧是美丽的符号，而非邪恶、污浊。自从近百年前有了选美比赛，胸围、腰围和臀围，一直是美女的三大指标，铁打的指标流水的美女，缺一围算不得美女，更不必奢谈魔鬼身材。

在迪斯科成为时尚之前，只知道舞蹈演员的身材最好，却不明白人家好就好在三围，直至在蹦迪的黑灯瞎火中，才恍然大悟第三围的重要：蹦迪当年被指责为是在扭屁股，着实的需要扭得起来的臀围，如同莫言的小说《丰乳肥臀》。有魔鬼三围的第三围作为爱情的符号，爱情也平添三分魔力。

很多年前，韩国一家电视台做过一项调查，全智贤的臀围最受崇尚，并且还有百分之十的年轻女性愿意花600万韩元，通过整形拥有和全智贤一样的臀围；虽然很是八卦，但是崇尚是真的，臀部作为"心形符号"始作俑者的可能性是存在的。

再往前追溯，美臀的概念荡然无存，就叫作屁股，棍棒底下出孝子，那屁股是棍棒的服务台。在童年的记忆里，"屁股"是一个充满乐趣的词语，成绩再差的学生，屁股这类词语一教就会，考试时，从无学生将它写错，而且一旦老师教到这样的词语，课堂里就没有了安静。

稍稍长大，有一天在街上看到了批判"三包一尖"：包头包裤脚管包屁股和尖头皮鞋；当时极其憎恶奶油包头和尖头皮鞋，对包屁股和包裤脚管始终不明白它"小资"在哪里，因为自己身上的裤子就是包屁股包裤脚管——人发育了，裤子不够大，紧紧地包住了屁股和腿。直至有了三围性感之类的概念启蒙，才了然"三包一尖"的用心良苦。

或许经历了漫长的以讹传讹,爱情的"臀形符号"演变为"心形符号",击中了人的心理需要。假如人的心像臀围一样可以拿尺量一下,减低了谈情说爱的难度,却也扼杀了爱情的玄机,没有玄机也就没有爱情。

与天斗与地斗,斗不过是必然;与人斗,斗不过更惨。于是就撒娇,否则怎么办。

广为传颂的爱情至上的故事,同时也是道德至下的故事,甚至是道德沦丧的故事。伟大的爱情倘若不是离经叛道,就不可能成为经典。

浪漫中的雷同

有位知性女性,坦诚自己找不到憧憬着的浪漫。

在情感生活中,虽然有过心动和心跳,但是她从心底明白,她正在经历的情感及其情感方式,与树荫下与她擦肩而过的那些亲密的情侣们,很可能相差无几,甚至连恋爱的细节也就是那么几个通用的社会版本,恋爱越是深化,通用的社会版本越是显灵,到了结婚婚礼,那只不过是在几个社会版本中选择一个而已。

于是她有对自己爱情的怀疑:月光之下,其实自己也可以和另一个陌生男人牵手,而后进入常规爱情婚姻通道。她曾经以缘分来解释自己的情感,因为许多男男女女都是在如此地解释,但是很快她觉得,这是不可信的。缘分只是说明自己属于自己的境界,不属于别人的境界,事实上,别人的境界和自己的境界几乎是同样的平常,平淡,平凡,平和,甚至平庸。

虽然她不至于沉湎在琼瑶小说式的虚幻情爱之中,不至于为了追求一朝拥有而冷漠天长地久，但是她遭遇的情感，用她自己的话来说，是没有多少想象空间的情感，是没有多少新鲜感觉的情感。那种生生死死的情爱，那种刻骨铭心的情爱，那种非你莫属的情爱，那种荡气回肠的情爱，失落在现实的情爱之中。

细细想一想，恐怕不得不悲哀地承认，除了极个别的大开大合爱情故事，绝大多数的人所经历的情感历程，所表现的情感内容，几乎都是雷同的，大同小异的，甚至可以略略夸张地说：天下爱情一大抄。

爱情歌曲唱得越来越缠绵，而现实中的情爱，只能说是像王朔的小说题目一样——看上去很美——潜台词是，实际上并不很美。这种感觉，有点像一个梦想在战场上成为英雄的人，却生活在一个没有战争的和平年代。

但是也不必过于伤感。因为那些让人所憧憬的惊世骇俗的、脍炙人口的、铭心刻骨的、永垂不朽的、伟大的情爱，并不会产生于循规蹈矩、按部就班和谨小慎微之中，是来源于对道德的反叛，对社会的蔑视，对世俗的抛弃，对家族的不屑一顾。

受我们顶礼膜拜并且载入文学史册的爱情故事，以及让我们家喻户晓的爱情故事，无一不是有力的佐证。安娜·卡列尼娜与渥沦斯基、于连与德瑞拉夫人、罗密欧与朱丽叶、包法利夫人、奥涅金、贾宝玉与林黛玉、梁山伯与祝英台、崔莺莺与张生、觉新与梅……对于他们所处的时代来说，他们的故事，是离经叛道的故事，他们爱情至上的故事，同时也是道德至下的故事，甚至是道德沦丧的故事。他们倘若不是大逆不道，就不可能成为经典的爱情故事。

倘若这些都是文学作品中的人物那还不足为信，那么生活中惊世骇俗或是脍炙人口的情爱，照样也会受到人们的议论纷纷，但是议论的结果与传诵文艺作品中的爱情故事完全相反。

有这么一个让旁人惊叹和回味的女人，三十几岁了，儿子已经读到了小学快毕业的时候。她和一个男人婚外情，好几年了，在一个朋友小圈子里是公开的。各自的家庭其实都还不错，甚至他们还会说说各自的孩子，看得出完全不是不要各自家庭的一对。这符合更多有婚外情的上海女人的生活逻辑，很完整地保持着自己家庭的完整，很机密地交织着自己的婚外情愫，不到万不得已，这一段情愫永远是捏在自己的手心里。

后来男人生意受挫，公司也关了，还欠了上千万的债务，终于男人承受不住逼债的压力，要到美国去"蒸发"了。寻常的婚外爱情故事应该到此结束了，时间也长久了，男人也潦倒了，而且也要长别了，此一别天各一方，是到了结束的时候。但是女人和男人的故事拉开了第二幕。女人对自己老公谎称，有朋友邀约，她要去美国旅游两星期，她对自己的儿子这么说，也对公公婆婆和自己的父母亲这么说。谁都相信了，只有她自己心里明白，她是在和家人告别。直到她和男人私奔成功，一起在美国"蒸发"，所有人才知道了谜底。

一个女人婚外恋不稀奇，抛弃自己的丈夫私奔不稀奇，可是舍得丢下自己的儿子私奔，那是要有非凡勇气的。有许多女人的勇气，在和丈夫对决时一往无前，但是在最后要跨越儿女亲情这一道栏杆时候彻底溃败。一个女人如果连儿女这一道天险关隘都可以一跃而过，还有什么事情做不到？

抛开道德的光环，将这个女人理解为是一部小说、一部电视剧里面的女主角，她是裘丽琳与京剧大师周信芳的私奔当代版，真是一个非常美丽的爱情故事，她是一个为爱情而生为爱情而死的女人，是一个为了爱情可以不要家庭的女人，是一个敢爱敢恨敢想敢做的女人。但是生活判断与艺术判断、历史判断常常截然相反。从道德的层面上来说，这个女人是没有任何人会赞许她的，家里所有人都不能接受她的私奔行为，不必说丈夫和公公婆婆的愤恨，即使是行将小学毕业的儿子，即使是她的父母亲，都无法原谅她。

一部《玉卿嫂》使得杨惠珊出名，但是她更出名的是她和导演张毅的情爱，张毅是有家室的男人。我们不能说杨惠珊和张毅的爱情是假的，但是我们又不能说他们的爱情是道德的。即使这两位当事人，也只能逃离台湾的世俗民风，到大陆落脚，而且他们绝口不提爱情生活。他们挑战了世俗，又逃避了世俗。

一个符合并且附和社会准则与民俗的人，不可能遇到伟大的、足以流芳百世的情爱，而情爱没有了伟大，也就没有了个性，剩下的难免平淡，难免雷同，难免淡淡的失落。尽管如此，还是不必过多地和自己过不去，更不必因此刻意改变自己。作为一个潜意识地以社会标准和世俗来约束自己的人，并没有为情爱付出反抗社会的代价，恰恰相反的是，这样的人已经在服从社会准则和世俗中，得到了社会准则和世俗给予他或她正常的生活，他或她的情爱因为般配，因为天作之合，而让人羡慕；他或她的职业、身份、家庭因为一切良好而常常自我陶醉。这样的时候，大概就应该在雷同中追求浪漫了。

伟大的爱情来自离经叛道，但是无法反向推论：离经叛道就是伟大的爱情。

以前有客人来吃饭,饭毕递上一方烫手的、新的热毛巾,给客人享用"处女揩",是最高级别的礼待。

盥洗室里的脸红

盥洗室里的脸红,怎么说都牵扯不到洗脸。

洗脸不是问题,不洗脸才是问题;洗脸不会脸红,不洗脸才会脸红。假如逼着谁睡眼惺忪不洗脸地出门,简直等于逼着谁穿一条拉链拉不上的牛仔裤出门一样的蒙羞。洗脸需要毛巾,这不是问题,至多也就是毛巾品质的优劣,但是再名贵的毛巾也是毛巾,决计不会像围巾一样围在头颈上出门;头颈挂毛巾的人也有,那是《海港》的码头工人,或者《大寨》的农民。

但是脸红恰恰是被毛巾揩出来的。

一代才女史良去朋友家做客,第二天便提着两大包24条毛巾送给女主人:"我昨天去你们家卫生间,看了你家用的毛巾,该换了;一条毛巾顶多只能用两周,不能用到发硬。"能够称得上史良朋友的,并且可以请她上门做客的主人,绝非粗茶淡饭之流,竟然被史良的"毛巾论"羞得一阵脸红。这种被羞辱,基本上近似于一个人西装笔挺去应酬,却被同道提醒衬衫领口有污渍一样。

一边是惊叹奢侈,一边是折服精致,居高临下的指点就不说了。最高贵的生活总是从最微小的细节中不经意地流露出来,而不是将"品位"当作玉坠挂在胸间炫耀。

由此想到了普通人家卫生间里的毛巾和由毛巾谱写的洗脸史。在通风优良的卫生间里,毛巾如同赤壁旌旗在望,猎猎之声相闻,毛巾毛巾少毛而多筋;风里来雨里去,乃至饱经风霜的脸,决计体验不出两周换一次毛巾的惬意所在,即使是最看重"面子"的时尚一代,都只能对"毛巾论"而望尘,而唏嘘。一条毛巾始则卿卿我我几个月,终则擦桌抹地大半年,是普天下的生活原则。反正毛巾也不是智能手机,到时候必须充电,充不了电必须换代。

并不见得消费不起,而是没有想到这样消费。

高贵的生活方式,毕竟不是一个氢气球,想要升上去就升得上去的,毕竟不是人工索道,不气喘不出汗就可以登顶而一览众山小。新宅越来越多了,按照民间认同的常识,看一户人家装修的档次,不看别的,看卫生间,看卫生间的卫浴设施,看卫生间的地砖面砖,没人觉得还要看一看毛巾的柔软度是否合乎"毛巾论"的。

但毛巾确实是生活格调一面旗帜。有些人脸上不许有纤尘,毛巾可以黑乎乎;衣服不许有皱褶,毛巾可以像天津大麻花一样胡搅蛮缠。还有许多山青水绿的男女,当然男人居多,竟然只用一条毛巾,从头洗到脚,稍稍文雅一点,虽然毛巾分上下半身,但是挂在一起,等于是面孔贴着屁屁。当主人没有在乎这一切,客人也没有挑剔这一切时,恐怕主客双方共同陶醉在西班牙面砖和德国龙头上,至多也就是看看女主人化妆品的展示,还没有到学习"毛巾论"的境界,没有人知道一双上好的皮鞋里,埋伏着脚尖的两三个袜子洞呢!

以前有客人来吃饭,饭毕递上一方烫手的、新的热毛巾,给客人享用"处女揩",是最高级别的礼待,这说明"面子"工程早就深入人心，只不过那时候面子是留给客人的，而自己的毛巾，借用李商隐的名句，真叫作，春蚕到死丝方尽，毛巾宛若丝瓜筋。脸红什么——毛巾揩的。

人生如戏，如果自己不开心，拥有再多微笑的面具也是没用。

> 一个戴婚戒的人,是在戒婚外的恋情;戒指是有形的承诺,无形的城门。

戒 指 之 戒

美国一名高中女生将一枚银戒指戴在自己的手指上,发誓决不在婚前有性行为。一些人则嘲笑她不能坚持到结婚的时候。用银戒指来捍卫自己的誓言,并不是这个高中女生像小女孩一样的玩家家,而是在加盟始于1994年的拒绝婚前性行为的"银戒指行动"。一个珠宝商人推出"等待真爱"的贞洁银戒指,一年狂卖了3 500枚,银戒指由此成为一个行动。倘若说金戒指乃至钻戒可以等同于一张入场券,那么银戒指是直截了当的拒绝签证,虽然这样的拒绝签证说不定什么时候就免签证了。

银戒指是否真可以拒绝婚前性行为?看着女高中生周边普遍的怀疑,可以料想到银戒指路漫漫兮修远兮,但是看着银戒指行动越几十年而不衰,也可以想象到少男少女毕竟还有美丽追求。

人常常需要某一种形式、某一种符号来表明自己的意志。美国人虽然兴趣多元,但是拒绝婚前性行为的行动,采用了单一的符号:银戒指。为什么不是胸前戴一枚徽章，或者佩一个特殊的标记？那样做可以让对方一目了然；为什么不是左臂刺字？那样做可以显示自己的刻骨铭心；为什么不是穿一条略有耳闻的贞操裤？以御性诱惑于裤之外；为什么不是在自己卧室墙上挂一张决心书，每天早上出门前对着"等待真爱"宣誓？以坚定自己的决心。

比较起来，戒指这个指环，婚典上它是高潮，新郎新娘没有戒指婚都结不成，但是对于捍卫自己婚前的贞洁，没看出来戒指有什么突出的强势。

社会已经习惯将戒指当作首饰，当作荣华富贵的身份，也当作婚礼上的最重要仪式，却边缘化、甚至淡化了戒指本身具有的婚姻纪律作用。

很多人一直浑然不知地将"戒指"两个字都写错。戒指是黄金打的，项链的链是金字旁，顺着胸间到手指，两件饰品的公约数都是金属，"戒"理当加上金字旁，戒指的"指"更应该是"子"。北方人习惯把项链叫作链子，"子"有可爱的意思，也包括帽子妮子兔子，所以戒指的"指"，不及"子"来得亲切温馨。

字错了，意思也错了。戒指当然必须是戒指。

"戒"的本意是两手持戈，戒备森严，于是戒指的关键词就一个"戒"字了得，像猪八戒的戒一样。戒指是将一个人不可为的事情明白无误地套在手指上。瞎估摸，这样的戒律似应产生在西方，洋人有吻手礼啊，初次见面，虽然暗慕，但见一枚戒指横亘在间；戒指是有形的承诺，无形的城门。

一个戴婚戒的人，是在戒婚外的恋情，越昂贵的戒指所承担的套牢义务理当也越深重，当然真要破戒，此戒不破自破。这大概就是为什么，所有的男女宁可将婚戒淡化为爱情的信物、荣华的点缀，而对清规戒律敬而远之。

这样也好，否则猪八戒必须戴八枚戒指，尽管猪八戒的手指比较粗壮，还是累了点。常人倘若要戒之事必戴戒指，恐怕不比八戒轻松，戒酒，戒色，戒贪，戒嗔，戒烟，戒骄，戒躁……即使戴了，也是在作秀；谁喜欢看这样的秀，就做给谁看。

有一个有趣的文化现象，很少有人特别关注，西方国家政要大多是戴戒指的，我则是从被清查的中国贪官照片中发现，他们几乎都不戴戒指，这是否是官场的潜规则呢？在民众中，60岁以上的男性文化人戴得很少，伸出自己的十指，空空荡荡，一点身份的象征都没有，当然不是一点戒律都没有，就算是此生无戒胜有戒吧，年轻的男性文化人比较西方化。可能是上一辈的文化人接受了太多的马克思的唯物主义教育，其实，马克思本人是戴戒指的。

2005年，还是英国王储的查尔斯，要和卡米拉结婚了。我很有兴趣地看了他们结婚全过程的电视转播。两人先要各自去教堂，在神父脚下跪悔，那是对自己破坏当年婚誓的一次精神鞭笞，虽然很形式，却也是一个了结，忏悔是要求得上帝的宽恕，而后才可以走进第二段婚姻。当然，查尔斯王子和卡米拉互换了一枚属于他们的婚姻戒指。

缘分成了两性关系成败的默认桌面，事实上，从来就没有完全脱离功名利禄的缘分。

缘是一个托词

一说到男人和女人恩恩怨怨的因果关系，结论几乎是一致的，就是一个字：缘。一个男人和一个女人，从不相识直至相识相爱结婚，为什么在茫茫人海之中，他选择了她，她选择了他，而不是选择别人，众里寻他千百度，为什么无巧不成书，那人却在灯火阑珊处？

参加过婚礼，耳熟能详地听闻到新郎新娘的认识过程。为什么是耳熟能详？因为极为相近的美好故事，也曾经在其他婚典上听闻过。假如亲朋好友中有人迟迟未婚，甚至还没有交上值得谈婚论嫁的男朋友女朋友，也一定耳熟能详地听闻到衷心的安慰：缘分没到，缘分一到，闪电拥抱，快得很哪。

缘分成了两性关系成败的默认桌面，以至于谁都不再去细想，缘，对于男女的相识和不相识、成婚和不成婚来说，已经从原来的美妙玄机，机械地蜕变为成功的理由和无法成功的托词。似乎男女之间，是千千万万的浮萍，漂浮着，漂浮着，只有当你遇见了我，我遇见了你，才是我俩的选择；假如一阵清风徐来，吹动了浮萍，我就不遇见你，你就不遇见我，那么……

千千万万的浮萍，一切最终遭遇到的，皆是缘；一切最终不曾遭遇的，皆是无缘。只要是浮萍，都有遭遇的可能，也都有不遭遇的可能。当我们觉得浮萍间的遭遇，很像是人的缘分时，也是不经意地承认了，男人与女人的爱情、婚姻，也像浮萍一样，人皆可爱，人皆可妻，也人皆可夫。

一个女孩子失去了一段铭心刻骨的爱情，顿时天崩地裂，生命失去了意义，别说不思茶饭，每天将自己死死地关在闺房里，呆滞眼光散落在窗外毫无目的的远方。假如不是家人严密看防，她恐怕会走上轻生之路：爱情的缘分被扼杀了，生命没有了意义。

后来她终于听从了家人的劝慰，重新生活，但是心里发誓，这辈子再也不谈恋爱，决不，因为她唯一爱过的，而且也一定是她生命中唯一值得爱的人，不再爱她。

再后来，当然女孩还是又恋爱了，直至结婚前；虽然独处的时候，会忍不住翻开当年的情书和信物，而且翻着翻着，像杜甫一样，"感时花溅泪，恨别鸟惊心"，但是一次次地打开封尘的记忆，也恰是一次次地将刻骨铭心的痕迹熨平；渐渐地，不再感时，不再恨别；渐渐地莞尔一笑；渐渐地，责怪自己为什么想不起来当初痛苦的撕心裂肺……

最后，女孩结婚了，在婚典上由衷地感叹，自己是世界上最幸福的新娘。感叹的刹那间，心底里涌上了曾经的失恋和曾经的发誓，但是也就是那么一刹那后，灿烂依旧荡漾在她的脸上，连新郎都无法察觉，况且新郎心底或许也涌上了他的一刹那，他也曾经失恋过——有几对新人，是从初恋一直相爱到结婚？

爱情和婚姻是如此的崇高和神圣，以至任何的比喻都显得自惭形秽，但是比喻仍旧像镜子一样不可或缺。爱情和婚姻，常常像买时装，会根据自己的情趣和经济实力，选择某一类时装店，或者你选择的是顶级品牌，或者你就在服装市场为便宜而沾沾自喜，这种选择在你买时装前已经有了定论——谈婚论嫁当然也是以自己的条件决定择偶的窗口。当红女明星可能与某一个企业家没有绯闻，但是绝对不会和一个穷大学生谈恋爱，就像一个农民工绝对不会走进顶级时装店买奢侈品牌一样。这是选择前的选择。世界上从来没有完全脱离功名利禄的缘分，哪怕在另外一个窗口真有一份缘分存在，也肯定不会将它当作缘分而存在。

一旦完成了窗口的选择，爱情和婚姻更像是时装店里的时装，符合你的口味的、符合你的购买能力的，不仅不是唯一，而是比比皆是，不仅不是这一家时装店专卖，而是比肩接踵；对于时装来说，它也不是你的唯一：人皆可衣，衣皆可人。

对于绝大多数的人来说，假如没有和现在的妻子或者丈夫结婚，也会和另外一个女人或者男人结婚，也还是会归结为缘分所致。从青春萌动的初恋开始，宛若走进了时装街的一家家时装店，开始了爱情的选择之旅。后来发现，第一家时装店和最后一家时装店，店相异而衣相似，每一件衣服都是偶然，但是穿在身上就是必然；每一个人都是陌生，但是相识相爱就是缘分。

一个人经常会因为莫须有的缘，失去身边的爱情。找不到爱情时，又将缘当作了托词，缘一旦成了托词时，人也就渐渐丧失了追求可操作性的爱情的动力。那时候的缘，大约已经是一面抵抗爱情的盾了。

衣皆可人，人皆可爱，爱皆可婚，幸福吗？一般都幸福。当然有发生错误的时候，就像时装很可能买错一样；但是通过反复挑选的时装也未必称心满意。更何况，从第一家挑到最后一家，青春将尽，两手空空，羌笛何须怨杨柳？缘是飞远了的小鸟。

怎么理解闻名世界的好几出爱情长跑？不必理解，千万别将自己和他们相比，你我都不配比，比就错了。你我不是王子，只是浮萍，你悄悄地漂来，就像你悄悄地漂去。

> 性别就是区别,就是偏见,就是战争。不管是男是女,人人都是性别主义者,人人都是性别主义的怂恿者和受害者。

两性的偏见

女性和男性的性别差,不仅是性别之差,也是是非之差。

对于女人来说,之前的一百多年是她们翻身道情的世纪;对于男人来说,则是他们让利分红的世纪。

政治上,男人的主宰地位削弱了;经济上,赚钱不再是男人可以向女人炫耀的王牌;体力上,面对着现代化的社会,发达的四肢已是英雄无用武之地;家庭中,一夫一妻成为世界最普遍的模式。妇女能顶半边天,甚而有男人自惭形秽地说男人的一半是女人,也就是说男人在这个世界上只占有四分之一股份的意思。

因为这个世界曾经对女人极其不公平,而且公平至今还没有彻底实现。于是女人对女人权利的伸张经久不息,甚至愈演愈烈,从原本对政治、经济和精神的要求,潜移默化地进入到更加细致入微的境地。

随意地翻开报纸杂志,越来越女性化暂且不说,越来越为女读者度身定制暂且不说,仅就流行的观点而言,几乎是女人在声讨男人,男人在检讨男人；男人在羡慕女人，女人在赞美女人；女人在解析女人的难题，男人在一旁殷勤地为女人打草稿。这些应该被看作是女性里程碑意义的胜利，因为在两性的双边关系中，女人已经占领了意识形态的制高点。

似乎对女人很不错。不是吗？女人的要求既可以在生活中索取，又可以在精神上伸张。只是当制高点一旦形成的时候，也恰是一部分女人的理念开始偏差的时候。以前当男人占据制高点的时候，男人犯了许多错误，如今轮到了女人。就像男人无法摆脱性别的偏见一样，女人也会固执于自己的性别主张，否则也就无所谓男人还是女人。

性别就是区别，就是偏见，就是战争。不管是男是女，人人都是性别主义者，人人都是性别主义的怂恿者和受害者。而两性意识形态新制高点的形成，使女人的性别偏见获得了过分的散布。

比如有这么一个提案，今后女人不做饭。这提案很女人，很前卫。言下之意，当然应该是男人接过女人手中的锅碗瓢盆；但是这个提案在发出"为什么一定要女人做饭"的疑问时，已经包括了一个自相矛盾的反诘——"为什么一定要男人做饭"？倘若男人可以这样发问，那么男人是否也可以叫屈：为什么一定要男人干重活？当然会有智能做饭人，像住家保姆一般，但是总要有和保姆打交道的人，是男人还是女人来承担呢？

这种提案，或者只是说说而已，或者只代表了一小部分的女人，但是总是来自女人，总是来自女人的性别偏见。当然这也很正常，人类原本就有两个版本，一个是男人版，一个是女人版，这两个版本都是不完全的版本。不仅男人需要理智地对待女人，女人也需要理智地对待男人。据说西方很热衷建立男女共享思维，中国的男人和女人，可不能拉下。

但是两性的偏见，仍将随着男人和女人长期地延续。这也不错。这个世界要真是没有了两性间的战争，那么男男女女恐怕是没有什么乐趣了。

> 很少有人敢于公开承认，除了自然规律之外，情爱也会在无情的岁月中，渐渐地无情。

玫瑰的梦与玫瑰的未来

这一景象，曾经一年一度，久违了——100辆敞篷车，100对新郎新娘，穿越秋天的街道，撒下一路玫瑰花瓣，接受路人的注目礼。虽然还不至万人空巷，但是100辆婚车经过的街道，实行了交通管制是事实；路人纷纷争睹100对新人的艳丽是事实，而新郎新娘神情荡漾，情不自禁地热烈拥合也是事实。

这个场景自1998年以来，直至2020年，上海年年出现，名为"玫瑰婚礼"。也就是说，参加玫瑰婚礼的新人，也已经逾千对。之前也有集体婚礼，却不似玫瑰婚礼有号召力有持久力，因为所有的情爱参与者都无法拒绝玫瑰。

关于玫瑰，人类的联想既是丰富的，又是贫乏的。除了人类，不知还有什么高级动物，会把玫瑰与情爱联系起来，让玫瑰在情爱中，充当背景，充当道具，充当梦幻，充当信使，充当角色。

当然这只能强化人类对玫瑰的憧憬。

送你一朵小红花，姑娘千万别嫌少。等待春天到来时，与你一同去看海。

很多年前，被称为"性感小猫"的法国女明星碧姬·芭杜，收到的求婚礼物，是男友从低旋的飞机上撒落在她花园里的5万枝玫瑰。

那本家喻户晓的禁书《查泰莱夫人和她的情人》，也有一段极其经典的玫瑰情佻：一抹金色余晖之下，玫瑰掩隐着裸露，玫瑰衬托着裸露。这场景，虽然无法身临其境，也够想入非非的了。

还有一年一度的情人节的玫瑰，还有温泉，必有玫瑰浴，温泉未必是真，玫瑰一定不假，还有玫瑰花茶，都是有性的暗示……似乎可以这样妄断，"玫瑰婚礼"的主办者和参与者，肯定是被许许多多的玫瑰故事暗暗地左右着。

100对新郎新娘在撒下玫瑰花瓣的时候，肯定也同时撒下了他们的心愿。

他们的心愿，是一往无前，坚定不移，五彩缤纷，以至他们忽略了一个事实，在他们极力将自己的婚礼推向神圣的那一天下午，在他们的婚车在街道上缓缓而过的那一刻，有远远不止100对夫妻，正悄悄地从婚姻的神圣中退离，婚礼那一刻所有的浪漫记忆，早已被生活的琐碎、烦杂取代，甚至在无休止地争吵之后，正决心分道扬镳。

这些人中的一部分，或许就有玫瑰婚车上新人的前任，几年前站在玫瑰花车上的新人，也许就在大街上，目睹着玫瑰婚礼。他们的神情或者木然，或者黯然，或者不以为然。新人从婚车上撒落下来的玫瑰，不经意地飘落在旧人的衣领上，又被旧人不领情地掸去。

新人不会在乎、也不必在乎旧人的存在，但是不容置疑的是，旧人也曾经是新人。旧人不一定抛撒过玫瑰花瓣，但是他们也曾经极致般地山盟海誓过。他们对婚姻和情爱海枯石烂的期待，不亚于这一天参加玫瑰婚礼的任何一对新人。公开的热烈和隐秘的柔情，都曾经有过。

他们也曾经"背靠背坐在一张地毯上，慢慢地聊"，如今，已是"背靠背睡在一张大床上，很无聊"。对于大多数的旧人来说，他们并没有刻意要休止自己的热烈和浪漫的岁月，是岁月休止了热烈和浪漫；他们并不想刻意忘却自己的情爱，是情爱自己忘却了情爱。

这不是旧人的过错。谁都承认岁月是无情的，在承认这个事实的时候，人们的意思仅仅局限在自然规律上。比如优美的线条没有了，亮丽的容貌枯涩了，性感的表现力迟缓了。

很少有人承认，除了自然规律之外，情爱也会在无情的岁月中，渐渐地无情。玫瑰是美丽的，但是玫瑰肯定是要凋谢的。就像人们不必因为玫瑰必然会凋谢而放弃对玫瑰的憧憬一样，人们也不应因为玫瑰的美丽，而忘记玫瑰总是会凋谢一样。

既然初恋是最羞涩的情爱，那么，跨越了初恋的情爱，肯定不再是最羞涩的情爱；既然新婚燕尔是最美妙的情爱，那么，跨越了新婚的情爱，肯定不再是最美妙的情爱；既然青春勃发是最荡漾的情爱，那么跨越了青春勃发的情爱，肯定不再是最荡漾的情爱。

一个人不能两次跨进同一条河，其实，一个人也不能一次跨进同一条河；当你跨进一条河的一瞬间，这条河已经流走了，已经不再是一瞬间以前的那条河了。

似乎应该如此推论，情爱是有生命的，生命总是有限的，所以情爱总是像蜡烛一样有蜡炬成灰的一刻。

世界上从来没有经久不衰的情爱。这不是悲观，倒是反而能够使人们对情爱有更加客观的认定。当两个人的情爱达到峰值之后，那么平淡就是情爱的惯性延伸。这是无奈的，却也是必然的。只不过是有人愿意接受平淡，所以他们的婚姻继续着，玫瑰花有点谢了，但是还插在花瓶里。有人不愿意接受平淡，所以他们的婚姻结束了，要么是怒放的玫瑰，要么换一枝玫瑰。这大概都是很正常的事情。

不正常的倒是，有那么一些社会名流、文化名人，年已过半百，感情竟如20岁；说起自己婚姻的美满，说起自己夫妻间几十年情爱的始终如初，竟然像新婚一般的幸福，并且以此教育青年一代。仿佛他们是永不凋谢的玫瑰。他们的表现，实在可以说是对青年人的情爱误导，使青年人为自己的情爱平淡而惭愧，而困惑，而骚动。其实，如果情感楷模们的标榜是事实的话，那么，任何一对年轻的情侣的情爱都失去了意义。

当然，玫瑰总是美好的，虽然她的花朵不是永恒的，但是她的意义是永恒的，于是她的梦也是永恒的。

小美女不是小的美女，也不是长不大的美女，只是接近于美女标准。如今"美女"两个字已经降格为女人的代名词，也说明中国美女稀缺。

美丽妖艳，各领风骚

某次聚会。有男有女缤纷而入。用"缤纷"形容，是因为有聚会的男女总是光鲜，尤其是女人，称她们佳丽是一点不为过的。有人问了一个关于佳丽的问题，佳和丽有没有区别？谁是佳，谁是丽？问题是女人提出来的，要求男人回答。

这是入席前的谈资，也是有关女人的问题。要谈论佳丽，先要说到美丽，说到美丽，还不能没有妖艳。美丽妖艳是女人漂亮的种类，佳丽看上去也是漂亮，是漂亮女人，却不是指女人的漂亮，只关乎男人和女人之间的关系。

漂亮女人总是备受关注倍受赞美，只是人们往往注意的是漂亮的结果，而非漂亮本身，人们往往把赏心悦目的、惊魂慑魄的女人统称为美女，至多再冠以性感之类，却常常忽略了美女的分类。

不要误解又是要把美女分为外在美和心灵美，这种庸俗的划分既糟蹋了外在美也蹂躏了心灵美。漂亮就是漂亮。只是漂亮女人远非漂亮二字就能了得。

漂亮女人大抵可以分成美丽和妖艳，又可拆细为美、丽、妖、艳，也就是说，漂亮女人大抵是由四种女人组合而成：美人、丽人、妖女、艳女。

在大庭广众与人们摩肩接踵的漂亮女人，让人们耳熟能详被称为明星的漂亮女人，在时尚酒会中优雅的女人，在五光十色中谋生的女人，总是美人丽人妖女艳女中的一种。四种漂亮女人之间的区别，有点模糊，也有点重合，但是她们之间的互相排斥，显而易见。

美人也可称作美女，应是五官和肢体的标准和完美。比如好莱坞的美人象征者英格丽·褒曼，还有已故英国王妃戴安娜，她们身上的每一个零件，无论是拆卸开来或者组装在一起，都是美人教科书，哪怕是脸上的一颗黑痣，都会成为恰到好处的衬托，堪称美人痣。

中国也不乏美人，以西施领衔的古代四大美女，虽然已经无法确认她们美的程度，相信她们代表了中国古代对美人的审美标准。但是总体上看，西方是出美女的，美女的标准也是西方掌握话语权的。中国当下漂亮女人不少，但是称得上绝世美女的说不大上来。

倒是小清新小可爱蛮多，还有小美女，小美女不是小的美女，也不是长不大的美女，只是接近于美女标准。如今"美女"两个字已经降格为女人的代名词，也说明中国美女稀缺。中国的漂亮女人大多走的是丽人路线。

倘若说美人在于完美，那么丽人则是在于匀称，在于清丽。她们的眼睛、鼻梁、嘴型以及肢体其他部分的某一个局部，往往够不上美人的标准，但是组合在一起的时候，犹如山和溪流的组合，明澈玲珑。

好莱坞也有丽人明星，最经典的是奥黛丽·赫本，被称作东方式美女，可见，丽人是东方女人的专利。

在中国，丽人有两个含义。称一个女人为丽人，肯定是赞美，称一个女人为美人，有时候会带有贬义或者其他特别的含义。人们习惯将奥菲斯小姐称作白领丽人而不是白领美人，就像人们习惯将情色女间谍称作美人计而不是丽人计一样。丽人的另一个含义，是丽人的本义。中国较少标准的美人，却有经典的丽人。绝大部分的女明星是丽人。

至于美人和丽人的区别，大约美人属于大家闺秀，丽人属于小家碧玉；如果说美人像是京剧中的青衣，丽人就是花旦了。印象中的灰姑娘必定是丽人，小丫鬟必定是丽人，像《雷雨》中的四凤，很难想象如果她是个美人，故事是否还讲得下去，美人只可能是繁漪，那个有身份却没有地位的女人。

于是美人和丽人也有了些许的意念上的模糊区别。更加容易受到男人，尤其是年轻男人欣赏和接近的，恐怕是丽人而不是美人，美人可能是有身份，也就容易高傲，丽人则有更多的亲和力。如果一个男人要对某一个女人怜香惜玉，这个女人一定是丽人。

佳丽是什么？佳丽是漂亮女人，可能是美人，也可能是丽人，佳丽不在于美的区别，而在于亲疏的距离。当一个女人被称作佳人的时候，那是有感情指向的，对于男人来说，是一个他所期待的人，是一个在他心里占据了某一个位置的人，"有位佳人，在水一方"。"乱世佳人"只有费雯丽一个人，如果是乱世丽人，感情也就茫然。丽人是没有感情指向的，对于男人来说，丽人，基本上是对有距离感的女人不失尊重、却也是泛泛的称谓。美女是当着面叫的，丽人是隔了几尺远看的。

回到美丽的话题，美和丽虽然有所区别，还是可以被每一个女人欣然接受，那可完全不似妖和艳，似乎早已带上了坏女人的深深烙印。

说到妖，让人立即想到了妖精、妖风、妖魔，乃至人妖；说到艳，似乎也好不到哪里去，其实并不完全如此。妖艳必定有美和丽作为基础。张曼玉的魅惑之美，在于妖，有一种出乎寻常的磁力。旧版《水浒》电视剧中，王思懿的潘金莲，更是游弋在妖女和美女之间，谁能说这不是赏心悦目的召唤？艺术作品中的妖女往往是对性感的极度张扬。至于艳的经典，当属玛丽莲·梦露，玛当娜……又回到了好莱坞，还要加上模特儿，如今充任球星佳人的几乎都是艳女。

妖和艳是光芒四射，具有熔化力。男人本性上都无法抵挡妖女和艳女的诱惑，这也就是为什么企图诱惑男人的女人，肯定是妖女或者艳女，最时尚的服饰，最性感的肢体语言，无一不是由妖女和艳女创造。也正是出于这么一个原因，大多数男人对妖女和艳女，总是常远观而不敢亵玩。

许是感觉到了妖女和艳女在男人心底的不安分，如今的青年女子在装束上和神情上有妖女化和艳女化的倾向，这可是有点冷落了美人和丽人，并且，妖女和艳女，岂是浓妆艳抹就能够妖艳？灰姑娘是不必把自己扮成玛丽莲·梦露的。也是不搭的。

> 男孩骑车,女孩坐在车架上,两手轻轻搭在男孩腰际,去郊外,很唯美,现在当然需要升级版的交通工具,比如飞机火车和轮船,旅途的浪漫,也就靠着它们了。

浪漫装卸器

自古浪漫出自旅途,多多少少的浪漫故事,在迈开脚步的一瞬间,就注定了它的开始。发展到高潮,热恋也好,暧昧也好,旅途是推波助澜的绝佳时机。因为旅途,人与人之间的关系重新排列组合,人与人之间的情感也重新梳洗,"魂断蓝桥"的浪漫,是从桥上的邂逅开始。

与其说浪漫与旅途有关,还不如说,浪漫与旅途的承载工具有关。

马和马车是经典的浪漫装卸器,只是过于古老,过于远离快节奏的城市生活,人们宁可将这样的装卸器留在自己想象的浪漫之中,却不会再去细细地体会,但是马和马车装卸器功能,仍然会从旅途中延伸出来,比如在香格里拉、内蒙古草原骑马半小时。许多文艺片中,都有骑自行车的浪漫爱情故事,生活中以前也常有,男孩骑车,女孩坐在车架上,两手轻轻搭在男孩腰际,去郊外野炊,很唯美,但是要远足，一定要是升级版的交通工具，比如飞机火车和轮船，旅途的浪漫，也就靠着它们了。

飞机被许多人认作是一个浪漫装卸器。它的浪漫催生作用，在于它的价格，几十年前，坐一次飞机，对于绝大多数的人来说，是一次不小的奢华。

1980年代旅行社刚刚开办飞机旅游时，一概被冠名为"豪华游"，因为豪华而珍贵，所以坐飞机就有了浪漫的色彩。可以看到有乘客在飞机舷梯边和机舱座椅上匆忙拍照，那是第一次坐飞机萌生的情感憧憬欲。

假如坐飞机像公交车一样便宜，没有人会觉得飞机是浪漫的。"空中客车"这个名称是最最名而副实的。乘客像排排坐吃果果一样，所有的举动都在空姐视线之内，空姐不停穿梭，除了是不停服务，余下的是不停监视了，更不必说邻座陌生人的目光了。拴在腰际的安全带，时时刻刻在提醒旅行者：老实点。

所有浪漫的念头，浪漫的行为，比如追逐，躲藏，丝毫没有表现的余地，至多也就是小憩时矜持的依偎罢了。唯一自由的去处，是飞机上的洗手间，洗手间滋生得出浪漫吗？况且洗手间还是单人的。如今坐飞机被称作"打飞的"，那是给飞机最形象的定位。

用飞机作离别的背景是静娴的，太好的秩序本能地抑制了感情的喷涌，候机楼里绝少泣别的男男女女；即使有伤怀的人儿，也总像是在宾馆大堂里蹦的一样的另类。尤其是机场验票处，充当着离别挥泪处，提着行李，走进去，扬扬手，随着人流拐个弯就消失了，突兀并且戛然而止。"相见时难别亦难"，离别得太仓促太潦草真不是好事情，离别的愁绪还没有升起来已经迫降，连泪都来不及挥。

飞机原本就该是这样了。只是英国超音速协和客机在停飞前，一直有最另类的性爱文化发生，飞机最后几排座椅，常常被当作是超音速的爱床，有人声称特别喜欢在协和式上和爱人一起享受超音速的激情；更有相当数量的欧美人士承认自己有过空中性与爱。天哪，怎么可能。细细一想，欧美航空业飞机多乘客少，当然可以为所欲为；假如那里的飞机也是满载而飞，谁还敢说让爱做主？

火车和飞机有很相像的地方，却完全不是一回事情。火车最善于承载的情感是告别。站台上，一对将要别离的人呢喃依偎拥抱，即使两个人穷得叮当响，都会像电影一般——电影中的爱情菜单和别离模式，绝对少不了火车站——车轮徐徐而动，车上的人和站台上的人手牵牵，泪潜潜，声咽咽。送别者先是走后是慢跑疾步，最后是看着火车消失在自己的视线里。火车将离别的距离靠近，过程放大，每一个片断都是一个乐章，候车室是情感的铺垫，站台上是心潮起伏，分手一刻就是心潮澎湃了，但是又不戛然而止，直至火车消失，直至站台上人影稀疏，才是一个休止符，那一份澎湃也已经复了原。

如果说火车是分离的煽情器，那么火车最善于承载的旅途是"文化苦旅"，那是分离的后一章。火车车厢里也像飞机一样并排而坐，有乘务员，但是没有约束；临窗而坐，不一定要有同行者，火车的窗外，无端地变化着荒山秀水田野炊烟，万千思绪油然而生，再怎么发呆都不过分。但是这样富有文化的旅途，不可能发生在春运或者普通客车，那是苦旅，也容不得发呆。

火车的浪漫，在现在的高铁动车上，看不到了。高铁动车有站台，但是没有送客，也就没有了别离。高铁速度太快，窗外只是在快速浮游，不再是有所思的起伏；车厢内也是越来越接近飞机而越来越少了趣味。高铁动车只剩下了交通工具的功能。

这种时候，是否应该想到船？好莱坞为什么要将一个通俗的爱情故事放在《泰坦尼克号》上？因为船是一个暧昧的载体，它是一个有层次有变化的空间和时间，在船舷，在过道，在酒吧，甚至在盥洗室，它让素昧平生的人在这个空间频繁地邂逅，让人追逐而追得上，让人躲闪而躲得了，让人放肆而放得了。《泰坦尼克号》的爱情故事就是如此发生。

如果是一群好友或者一对情人，船依然再好不过，它使旅程变得悠然，使聚首的空间变得宽阔。最传神的是，它有海水作为依托，海天一色，明明知道照相机根本无法记录这样意境，还是你照我照；即使是一个人独处，在船舷"凭海临风"，也是独而不孤——让人幽思也幽得了。大海和苍天有足够的心胸，容纳任何的千媚百态和凭栏沉思。"浪漫"这个汉语词汇，用"水"作形旁，妙绝。

很多人会选择飞机出游，因为它快捷。飞机并不负有承载浪漫的使命，只是人们将一张票价和浪漫挂靠起来，看见了空姐的温馨就误解了飞机的作用。飞机更像是麦当劳，它只是缩短你的旅程。

但是，飞机有能力承载人们到世界上任何一个地方去浪漫。事实也确实如此，最浪漫的地方往往只有飞机才能抵达，比如荒漠，比如丛林，比如亚马逊，比如北极。飞机早就把承载浪漫使命的浪漫卸下来了。如果一定要让飞机承载一个飞行之外的使命，那就想想警匪片、惊险片，神秘的人物特殊的使命，一定少不了飞机。

一个出门前要在脸上做一小时功课的女人，所用的化妆品大约不会便宜，否则这一小时的性价比太低了。

妩媚三秒钟

不管它是科学还是伪科学，反正有这么一种说法：一个女人给别人的所有印象，来自第一印象，而第一印象则来自见面时比刹那间长一点点的3秒钟。

就是这3秒钟，一个女人的美与丑，柔与刚，雅与俗，精与粗，爱与恨，信息已经全部释放——只怕是接收者没有接收罢了。当然没有一个女人是愿意这么直白得像白开水一样的。好在女人办法多，看一个女人是不是聪明，基本上是看她有没有办法，办法多不多。女人的办法是化妆，天然去雕饰，化妆饰天然，并且要化妆得像天然一样。

美国的社会学家经过调查得出结论——其实这种调查是否真实，想怀疑便可以怀疑——美国女人早上出门前梳妆打扮的时间是54分钟，几乎是1小时；假如早上9点出门，8点钟已经安闲地坐在了梳妆台前，像花木兰一样"对镜贴花黄"。梨园有句行话，场上3分钟，场下10年功，夸赞的是演员常年刻苦训练，铸就舞台的刹那辉煌，后来运动员也是如此地刻苦努力；用在女人身上，何其相似：妩媚3秒钟，镜前一个钟，为美丽付出的努力算得上坚忍不拔。

按照这份调查推算，一个女人一生中照镜子的时间叠加再叠加，足足两年；还可以进一步推算，女人照镜子的岁月集中于黄金般韶华岁月，也就是说，在最春风得意却又韶华易逝的岁月，有整整一年蹉跎在镜前。

当然女人不这么想，化妆是乐趣，买化妆品也是相同程度的乐趣。一个出门前要在脸上做一小时功课的女人，所用的化妆品大约不会便宜，否则这一小时的性价比太低了。

这样的女人踏进化妆品专店专柜，像美食家在饭店点菜，买者要比卖者更内行，不用看标牌就知道是什么价钱，还知道在香港什么价钱，巴黎什么价钱，还知道和另一个牌子的区别以及自己的好恶。熟稔的程度，是靠着每天每天在镜子前做功课做出来的，并且作为功课的铺垫，是一笔不低的学费，过日子捉襟见肘的女人是舍不得花的。至于在化妆品柜台前眼神茫然的女人，应该是不会做54分钟镜前作业的。

可以顺着调查继续调查下去，女人每天早上出门前的化妆，是站着的还是坐着的？

有个上班族女人脱口而出，每天起床后盥洗、化妆，总共才用了一刻钟，要赶地铁，要拷卡，否则来不及啊，但是看上去和做了54分钟功课的卷面同样整洁，这也是功夫。

几十年前，上海女人用的雪花膏著称全国，那个年代，像雪花一样的白是女人的崇尚。雪花膏的品牌是"友谊"，要是今天还有，这个名字，要么联想到油腻兮兮，要么联想到全世界人民的团结，肯定是卖不掉的了；而上海女人却像雪花膏一样被人崇尚至今。

倒是另外一种女人，经济不很差，做镜前作业，似小学生，粗枝大叶，口红涂到了嘴唇外，还对着人家呵呵笑呢。

镜前一个钟头，最能体现的是女人的定力，对自己，女人的定力要强于男人，远远地强。再去看看健身房、游泳池、瑜伽，狠命锻炼的多是女人，或者是健美，或者是瘦身。钱花在时间上，时间耗在钱上，人绑在时间和钱上，这就是定力。

只是大多数女人定力常有而耐心不常有，才饮泳池水，又练瑜伽功……要知道什么是有助于女人身心健康的玩意儿，就得亲自玩一玩。或许，就应该是这样？

节日放个小假，总是大吃特吃，天天你陪我陪，赶紧上班减肥。

负气后,倘若女人出走,男人担心女人会碰到坏人,男人出走,女人则担心男人会做了坏人。

不夜城的夜路

太不准确地说,一天24小时属于乡村计时,城市不止24小时,至少是28小时到30小时。城市的晚上凭着灯红酒绿,硬生生地将白天拉长了好几个小时,在乡村"江枫渔火对愁眠"的梦醒时分,城市还在挥霍着她的过剩精力。不夜城之所以不叫作不夜乡,因为乡村晚上应该是静谧的,城市晚上应该是喧嚣的。城市里的人睡觉比乡村少,所以可以牵强地认定,城市一天的有效时间比乡村多。

在城市的夜里,游弋着各色男人和女人。城市女人敢于在夜里出门赴约应酬,也是仗了不夜城的胆,暗香浮动,必须明灯高悬。那些半晦不明的小路,或者突然莫名黑灯瞎火的大道,女人是绝无勇气、更无兴趣流连驻足的,哪怕是一个不正经的女人。

夜里女人胆大还有一个条件,那就是不独行踯躅,要么有一位男士相随,要么有一群女友相伴,那时候的女人脚步姗姗,神情慵懒,心思闪烁。假如是一个女人独自夜行,一定是要有非夜行不可的理由。那时候的女人，哪怕是走最繁华的马路，都可以远远地感觉到她虽然微弱却很分明的警觉，一定走在人行道的中央，让自己的四周保持空旷，看见三两个人在前端，便警觉地绕行；她的眼光紧紧看着正前方，余光却将身后一目了然；她的脚步保持着匀速，假如后方有一个可疑的脚步正在接近，她立即提速摆脱一切可疑的符号。

在贫穷时代，女人会上早班中班，中班下班已经是晚上11点，做父亲的不放心，会到厂门口接女儿回家，没多久，女儿说有人会送她回家，基本上是某一个小青工（青年工人）钻了情感的空子。直至当下，如果女儿晚上出门，11点过后，有些做父母的便会一个一个微信发过去问她回家的时间。女人，尤其是年轻女人，晚上一个人在外，总是不让人放心的。

对于一个正常生活的女人来说，夜里她可能一个人回家，比如下班回家，比如约会回家，可能有人送她回家陪她回家，也可能独自回家，却很少一个人夜间出门。

当女人夜里突然一个人出门的时候，多半是这个家庭剧烈争吵之后一气之下，妻子夺门而走。假如她既没有回娘家，也没有到密友家里留宿，茫然不知去向，家人尤其是丈夫，假如只是非原则性的矛盾，除开一切生死担心之外，还有一个担心，怕她碰到了坏人。

这时候的女人倒是胆子最大，这胆量，分明是争吵气出来的。在马路上，女人的脚步是闲散的，目的是模糊的。因为她没有确定的方向，她会将商店的每一个柜台兜遍。直至24小时便利店也只有她一个顾客时，黑夜的恐惧才上心头，巴不得丈夫疾疾地奔来，既救了心头之惧，也顺势下了台阶。假如还没有见到男人，女人说不定一直在街头徘徊，越徘徊，越没有回家的勇气。抬眼看天，可怜霓虹闪烁，遮星闭月。

一气之下出走的也可能是男人。做妻子的女人在一阵生气之余，也担心。倘若女人出走，男人担心女人会碰到坏人，男人出走，女人则担心男人会做了坏人。

只要男人既不想寻死觅活，也不想做坏人，那么男人像一只鸽子，总会回巢的。在回家之前，一路掠过灯红酒绿和水草般婆娑的女人，一个男人在城市的夜色里，只要还在理智范围，再大的愤怒，也会随着温婉的夜色而温婉，气就消了大半。

丹麦一份调查得到同样的结论。丹麦全国只有两家男人避难所，8个床位，虽然每年有1 000多个申请人，但是最后留宿的男人很少，更多的男人，先悲情问长夜：今宵酒醒何处？然后或者余怒未消地回家，也或者去了杨柳岸，享受晓风残月。

城市一天的有效时间比乡村多，不过那是旧黄历了，现在的乡村，尤其有名气的乡村，夜里同样是不夜城，都没有夜路的。安全是有了，艳丽也是有了，唯独江枫渔火和月明星稀没有了——出走的是它们。

> 床是一个家庭的法律象征；一个家庭的无法无天，往往是从床开始。

卧 室 之 门

卧室有门，书房厨房也有门，只是各自的意义不同，令人对门内的想象也大大不同。卧室门内的关键词是床。为什么要计较是不是每天铺床叠被，这实在是随意或者刻板的生活方式不一样，年轻或者古老的生活理念不一样，至多也就是眼开或者眼闭的生活态度不一样。从健康的角度论述，裸褥说不定还更科学，再说到底，卧室门虽设而常关，只有进得了卧室的人才看得见床上的风景。

卧室之门关闭的当然是私密，同时细细一想，也有点尊严被守卫着的味道，是挂了一块"未经许可，请勿入内"的告示：床是一个家庭的尊严象征，和社会的文明化几成同步。

在住房紧张的年代，当然不会有如此苛刻的理解，床既是睡觉的，很有可能是两代人合睡，还兼职充当凳子椅子，吃饭喝酒打麻将，没有主客男女之分，都可以心安理得地在床沿上坐下来，床沿里端，又常常胡乱堆放着客人的外套和包，那时候的床没有尊严，简直像是公园里的露天长凳,有空都可以来坐坐。

床丧失尊严,却有"床沿"保护面子。床沿俗称床横头,尺宽的一幅布,常常是破旧床单的废物利用,铺在床沿,不管自家人还是人家,坐过总是不干净,晚上睡觉前褪下,有点像是假领头的作用。

后来住房面积豁然开朗,凡有乔迁之喜,必是群友毕至,咸来恭贺,登堂入室,转厨房,抵浴室,照无眠。虽然再也没有人冒冒失失地坐在主人的床沿,而是将主人的床当作了"请勿触摸"的被参观对象,但是仍旧长驱直入主人的卧室,好像是在参观故宫,唯恐还漏了什么景点;假如哪位主人有意锁住卧室谢绝参观,一定会引起朋友的猜疑,莫非主人有满园春色的书籍图画不想为外人知道?所以中国人卧室的墙上柜上床上,绝少看得见和性爱相关的图饰——不知道日趋上升的夫妻性爱不和谐,是否与卧室的厅堂化公开化有关。

可远观而不可亵玩,是床对外的尊严。至于对内,有人会觉得床更显尊严,甚至将床上升到家庭法律的象征,必须像捍卫法律一样地捍卫床上的一切,床单上不能有纤尘和毫发,必须平整得不能有皱褶,不能任意地往床上一横,这不是迎接朋友的参观,而是对自己的内敛。

有个女人说,假如她的先生有外遇而且还尚有宽恕的余地,那么宽恕的底线在于,那个故事不是发生在自己的床上。她无法想象,自己和另一个女人在同一张床上和同一个男人发生两个版本的性爱故事。床是一个家庭的法律象征;一个家庭的无法无天,往往是从床开始。

这意思是否是说,凡是每天都精心梳理的床就是美满婚姻,而每天狼藉的床是丢失了婚姻的尊严?事实上,假如在一张床上果然发生了第二个版本的性爱故事,那么男女主演肯定不是像宾馆服务生一样精心梳理床单,而是细心、刻意地保留这张床故事发生前的原貌,不留下任何和故事相关的痕迹。

两种做派的床,可以发生同样做派的故事。即便如此,床的尊严地位总是会越来越高。"床前明月光,疑是地上霜,举头望明月,低头思故乡",李白的意境需要床的默契。其实,李白诗中的"床",也可通假为"窗"。古人书房卧房分离,今人也终于达到了同样的境界。况且,如今谁还在卧室里赏月的?卧室门一关,床就是清风徐来的露台,就是绵软的碧海银沙,皓月当空,沿用一句"米老鼠"的话:演出开始了。

人生始于大床,半生睡眠于床,爱更需要上床,最终死于大床。
起点回到终点,百岁人生算长,我们算些什么,世界上的过客。

当一个女人赤脚的时候，那是暧昧，当一个男人赤脚的时候，那是他连鞋都穿不起。

看鞋识男女

"踏破铁鞋无觅处，得来全不费功夫"有了全新的解释。原本就不应该穿着铁鞋去找啊找的，那人就在，只是你看她时很近，她看你时很远；她先不看你长什么脸，她先看你穿了什么鞋；归根到底，脚踏实地，女人看鞋识男人。

这是英国女性流行的选男友新方法。据说百分之六十以上的英国女性，通过观察男人脚下的鞋子来了解男人的内心世界，如果女人看到男人穿了一双又脏又破的鞋子，女人的潜意识会警告自己，眼前这个男人生活一定很糟糕。

男人脚上的鞋子已经与男人的手表、手机一样成为吸引女性的重要因素。以前看人谨防以貌取人，或者衣帽取人，如今只需眼睛朝下。故不积跬步，无以至千里，不穿好鞋，无以结红颜；用心一也。

好些年前，曾经有一铁汉，自制几十公斤重的铁靴一双，发誓要穿着铁靴走三百六十五里路。估摸着，俗常的女人是不会见铁靴而倾心的。人要厚道，鞋却不必。

男人的鞋，很长久以来是最直接的工具，全身上下，最可以忽略不计的就是鞋了，因为绝大多数场合总是不显山露水。唯一一次的惊天动地，是当年赫鲁晓夫在联合国演讲时皮鞋敲讲台。

一个时髦的男人，武装到牙齿并不难，难的是武装到脚底板。男人和女人不同，女人的鞋子是女人的首饰，多多益善，可以钻石玛瑙，可以金缕玉琢；而男人，即使出手阔绰，常常只有两双鞋，虽然并不影响他为女人在一大堆鞋中挑选的能力。

况且男人脚还不值钱，当一个女人赤脚的时候，那是暧昧，当一个男人赤脚的时候，那是他连鞋都穿不起。

这个推论是有逻辑性的。夏日里，女人或者高跟低跟的镂空凉鞋，甚或是拖鞋，都可以看作是变相的赤脚，纤纤玉足，是性感的重要元素。男人不一样，越是有身份，越是把脚裹得严实，袜子和皮鞋，少一样也不行，赤脚穿拖鞋的男人基本行走在小区棋牌室，那脚跟啊，又厚又硬又脏。

一个男人在衣服打理干净之前，是不会想到打理鞋子的，就像一个人填饱肚子之前是不会担心脂肪肝一样。到了穿鞋要想到异性的认同时，男人被要求的项目又多了一项。一双双新鞋，要有一条条新路，一个个约会，当然是有意思有必要。假如每天换双新鞋子，每天从家里到公司上班，从公司下班准时回到家里，两点成一线，正所谓穿新鞋走老路，不知是辜负了一双双新鞋，还是辜负了一丝丝心思。

鞋子论还可以推论出两个结论：频频穿新鞋的男人，总是有那么一点点心思；常年两双鞋的男人，要么是他心不知，要么是他心已死，估计后者居多。

女人呢？

有三分之一的英国女人随时可以从家中的鞋柜里拿出25双鞋。英国女人平均一个月买一双鞋，花费大约40磅，假如从14岁起步，至

80岁"歇脚",一个英国女人一生的鞋消费792双,价值31 680英镑。虽然英国女人没有将一生拥有792双鞋子上升为鞋文化,但是每一次拉开鞋柜刹那间女人的虚荣,定当是暗暗弥漫,说不准油然想起和某几双鞋相关的浪漫故事。

曾经在台北浏览邓丽君遗物展,没有看到鞋,却是看到了邓丽君的包,不下三五十个。这些包,现在大家都认得了,有BV、LV、GUCCI、HERMES……如今的一线品牌的包,尽是邓丽君曾经的喜爱。要知道邓丽君喜爱这些包的时候,还是在三四十年前,甚至更早,普通大众只知道皮尔卡丹是世界名牌,根本不知道有这些品牌的存在,这些一线品牌的包真是有着贵族式的奢侈。可以胡思乱想这些包背后的故事和这些包背后的某几位男人,还有某几位男人和邓丽君的故事……

包的故事也就是鞋的故事。

鞋子可以是最低廉的工具,也可以是最奢华的身份,只有没什么积蓄的人,才会将露富摆阔的使命交给耳垂、颈脖和手指,唯露肤处方能露富。

昔日菲律宾的马科斯第一夫人(也即2022年菲律宾当选总统马科斯的母亲)下野时,在她的宫殿里搜出了一千多双鞋子,当然都是名贵的鞋,出骨了新的,这一千多双鞋子都说不清楚究竟是丑闻还是美谈。一千多双鞋,即便是一天换一双,都足以三年天天穿新鞋。中国有句俗语,鞋子合不合脚,只有自己知道;有时候参观朋友新居,告别时面对门口黑乎乎的一大堆鞋,真别担心会穿错,脚一伸进去感觉就到了心里。马科斯夫人估计很难如此体会,因为几乎每一双鞋都不曾狠狠穿过,没有切身的体会。当然马夫人决不会出洋相,因为一千双鞋不是用来穿的,犹如宫女不是皇上的老婆一样。

女人爱鞋。自从有了灰姑娘辛德瑞拉的水晶鞋之恋之后,鞋代表了女人的某些心结。

王菲在《不留》中絮絮吟叹:"我把水晶鞋留给你,十二点留给他",可见水晶鞋即使是对王菲这样的水晶歌星,都意义不同寻常;更何况是一个村姑呢?以前给自己的情哥哥纳鞋底的意义,绝不亚于绣一个荷包,因为情哥哥出门在外,走路时想到的是妹妹千针万线纳的鞋底儿,哥哥脚下鞋,妹妹心中思。如今再纯洁的村姑大约也没工夫纳鞋底了,去买一双现成的吧。"一样的路一样的鞋,我不能没有你的世界"。

鞋从原始的工具作用,进展到时尚,生发出了文化,而且还是发展很迅速的文化。马科斯夫人一千双鞋的收藏,于今不再是大惊小怪了。每天换一双运动鞋,至少一两周不同款的青春男女并不少见。忽一日夜里,见一家品牌运动鞋店门外有通宵排队,翘首第二天新款的全球同步首发。有自己要时尚的,也有贩到网上,上万元呢。一样的路,不一样的鞋。

有关鞋,可以联想到的都是赏心悦目的事情,当然这是只见鞋面而未见鞋底。当一个人拥有一千双鞋子的时候,那是奢侈;当几千双鞋小丘似的堆在一起的时候,那是悲剧。印尼海啸过后,海滩上但见鞋子零零落落,这比见到人还要伤心。波兰奥斯威辛集中营如今是纪念馆,馆中一处是千万只鞋杂乱铺陈,鞋的主人,都死于纳粹毒气。看到这千万只二战时期的鞋,至今觉得煤气在弥漫。

罗帕传递的是私情，多半还是自己绣过图案的；黄手帕传递的是亲情，黄颜色是最温馨的颜色。

丢一丢手帕

古往今来，有三个人用过的手帕，足以被历史一直写下去。

第一个是梵高，我们不能只知道他画过"向日葵"。在与高更的一次激烈争吵之后，梵高割下自己一只耳朵，用手帕包着送给了一个妓女；倘使这一块手帕还在，可能比"向日葵"还值钱。

第二个是林黛玉，临终焚稿，所焚皆是往日里书在手帕上的诗稿，"此诗帕原是他随身带，曾为我揩过多少旧泪痕，早知人情比纸薄，我懊悔存留诗帕到如今……"黛玉此所谓"他"，当然是宝玉了。

第三个手帕主帕瓦罗蒂就不是悲剧了，每次登台，右手执一条白手帕，与他300磅的体重和一把乌漆漆的美髯，形成黑与白、重与轻的反差，算得上是矛盾与和美之统一的视觉冲击。

其实，还有第四个人向世界展示他的手帕，恐怕很多人都不会记住，他固执地希望人们记住手帕，希望手帕不要成为历史。他曾经担任美国地球政策研究所所长，莱斯特·布朗。

他从裤袋里掏出手帕说，几十年来，他只用手帕，从不用纸巾；他掏出来的手帕是半新的，唯其半新不旧，才说得上和手帕情深意长，簇新的手帕反而少了人气。这个富有而忧心忡忡的美国老人几十年间不开汽车，每个月的电费是3.85美元，好像是在体验几十年前的简单生活。他并不是"阿米什人（Amish people）"般拒绝工业化生活，他真是以节能环保为己任。

几十年前我们也过着简单的生活，手帕是不可少的生活必备，男女老少，人人皆手帕。每人每年8.5公斤的生活用纸消耗量，也就是这几年的事情。

"丢手绢，丢手绢，轻轻地丢在小朋友的后面，大家不要告诉他……"可以成为经典的儿童游戏，足以说明手帕的社会地位，小孩别在左前胸，男人一块旧抹布似的手帕和钥匙硬币一起塞在裤袋里；手帕属于讲卫生的用品，所谓讲卫生，也就是藏污纳垢，丝毫没有美感。

手帕只有到了女人手里，才有了情愫。不仅仅是一方手帕，贤惠的女人可以将手帕包了两个大饼，妩媚的女人将手帕在马尾辫上随意一扎，扎出了跳跃之暗语，头发飘了起来。

以往优雅的女人，出门手帕是捏在手心里的，可以擦拭，可以当扇子，也可以掩饰内心的什么。这时候的手帕，有了精神内容，也就还原了罗帕的作用，小姐私定后花园，一定素手执罗帕，并且这罗帕多半是定情之物。

词典上对罗帕的定义是这样的：丝织方巾；旧时女子既作随身用品，又作佩戴饰物；古代的罗帕多用于传情，带着说不清道不尽的缠绵之意。传统戏中的罗帕也多有这般场景：一女子面对心上人"含羞敛眉""面飞红霞""双手无措"，便是绞帕于手。几分无助，几分娇怯，几分心喜，让人怜爱之意顿生。

手帕的传情作用在中国是一块手帕传一份情，到了美国，一块手帕不够用了，至少百多来块，美国人喜欢将这么多块手帕——黄手帕，挂在家门口的老橡树下，思念和等待命运未卜的亲人。罗帕传递的是私情，多半还是自己绣过图案的，黄手帕飘逸的是亲情，黄颜色是最温馨的颜色。

围绕着老橡树下的黄手帕，美国人原创了小说、电影和歌曲，都是一流的经典。日本的高仓健、倍赏千惠子主演的电影《幸福的黄手帕》（1977年，山田洋次导演），片中高仓健在出狱前写信给千惠子，如果还在等他，就在门前挂一块黄手帕。出狱那天，高仓健在忐忑的回家路上，远远看见高高的旗杆上，挂满了黄手帕……黄手帕已经约定成俗地成为思念亲人的必备品。思念是揪心的，但是黄手帕是幸运的，因为黄手帕一直会被人牵挂下去。

只讲情愫不讲实用，似乎也有悖于手帕的本源。过着简单生活的莱斯特·布朗先生提倡以手帕取代纸巾，当然是曾经沧海难为水的境界。只不过要紧的是，手帕应该像白衬衫的领口一样讲究，也不简单哪。否则不是简单而是邋遢。

> 男人受益于牛仔裤拉链是免了解手尴尬，于女人，牛仔裤一条小小拉链，引导一场大大革命，女人是牛仔裤更大的受益者。

拉链门的革命意义

两条温柔的刀锋，是裤子上熨出来的两条经线，笔挺笔挺。在牛仔裤西风东渐之前，中国人活得体面的重要风向标，是裤子上是否有两条刀锋。裤子笔挺源于西装笔挺，有西装者必定生活殷实；没有西装，那就把裤子伺候好。当年熨斗尚不普及，于是每天晚上临睡前须提起两条裤管，对直地折好垫在一堆绒线衫棉毛裤的下面，经历一个晚上的自然熨烫，裤子果然两条经线像刀锋一样，但是又很温柔。

牛仔裤的革命意义之一是改变了贫和富、是与非，准确地说，牛仔裤是调和了贫和富、是与非、明星和民工。虽然牛仔裤也是有贵有便宜，毕竟是同宗。

一个坐飞机，一个做工地，生活两重天，裤子却统一。不必说，牛仔夹克过于休闲不登大雅之堂，牛仔裤已经是美国总统去戴维营度假的必备了。这大概就是为什么，多年前，Levis老板以四万六千多美元回购一条100年前Levis牛仔裤的原因；由于当年工厂火灾，那条1906年版本的牛仔裤已成唯一，Levis当然要请它荣归故里。可以这么上纲上线，将牛仔裤提升到一个社会发展、人类进步的高度。

倘若不是一个多世纪前牛仔裤的星星之火，就不会有今日牛仔裤的普天大同，就好像是美国人找到了南北战争遗留的一把火枪，当然要奉为博物馆里的镇馆之宝。

比起西装，牛仔裤多名不副实。牛仔裤真正作为牛仔工作服的牛仔时代，也就是几十年的光景。早期的美国牛仔要放牧、要交易牛群，要修栅栏，牛仔装束是臭烘烘的；但是几十年后，交通突飞猛进，策马扬鞭没有了旷野，牛仔也就落寞。类似云南香格里拉的茶马古道，只剩下几匹老马给密密麻麻的游客做一个拍照的道具。

到了本世纪初，在美国劳工部的工种分类中，尚存牛仔不足1万，并且已经是牵强地将与羊、猪、鸡沾边的农户也算在内；所谓杀鸡焉用牛刀，时过境迁，也只能将就了。牛仔失业了，牛仔裤却是因祸得福，可以生猛，可以时尚，可以朴实，可以婉约，可以奢华。

而且再也不必担心裤腿上的两条经线是否像刀锋那样笔挺而温柔，也不必担心在大庭广众面前突然发现匆忙中忘了扣好门襟上的纽扣，"校门"没关好的尴尬，男人都经历过。

有时候会有人捉弄式地提醒："校长"跑出来了，有时候是自己突然发现，假装不经意地转过身去。还有更加尴尬的时候，门襟上的纽扣不知什么时候掉了，连应急的办法都没有，偏偏还发生在重要的场合，迎面对视而坐，还谁都帮不上。所以，牛仔裤门襟以拉链取代纽扣，是一项具有里程碑意义的发明和世界范围的革命。

如果说男人受益于牛仔裤拉链是免了解手尴尬和校门安全的隐患，那么对于女人，一条小小拉链，引导了一场大大革命，女人是牛仔裤更大的受益者。

在牛仔裤诞生之前，女人裤子的门襟不是安在胸腹肚脐部位，而是长在右侧腰眼，做女人总要羞羞答答，宽衣解带的事情不能正面敞开。于是女孩子在穿上有侧门襟的裤子时，练就了旁侧解纽扣系纽扣的基本功。没有一个女孩子学不会的,只是苦了左撇子小女孩,因为右手相对迟钝,小时候穿裤子系纽扣没少挨母亲的责骂。

牛仔一小步,文明一大步,当年牛仔两只手忙不过来而图方便的门襟那一小条拉链,却是涌动了离经叛道的暗流,也合了一句名言:人民,只有人民,才是创造历史发展的真正动力。

也因为门襟拉链太方便的缘故,"拉链门"事件也应运而生。在拉链门襟之前的纽扣门襟时代也有男女苟且之事,却不会称作纽扣门,也从特殊的角度印证了拉链门襟的门虽设而易开。

人生三大事情，出生的希望，做爱的享受，去世的悲痛，大多发生在床上；一个人一生可以更替无数件的衣裳，能睡坏几张床呢？

生 活 课 程 表

有的人会把自己的生活安排得井井有条，像钟点工一样严格地重复生命中的每一天；有的人散漫没有规律，或者过度或者缺损。不管是哪一种生活方式，该做的事情，该付出的代价，该获得的享受，据说总量是大抵相同的。勤和懒，慧和拙，强和弱，一生的时间消耗竟然殊途同归，汇集在人生的终端。

德国一份科普杂志把人一生必然做的事情，用时间去累计次数，结果像小学生的课程表一样，厌烦的课占据了最冗长的时间，喜欢的课恰似下课十分钟，总是那么短暂。

似乎人生漫漫，其实也就那么几节公共必修课而已。一个人睡觉时间是24年零4个月，一生的性高潮累计是16个小时，两个工作日而已。

以前有老话称一世人半世床，想必有这句老话的时候，人的寿命还只有五十来岁，全凭着延年益寿，才将耽搁在床上的时间压缩到了

动物三件事情吃饭交配睡觉，人类增加不少胡搅蛮缠乱闹。

人生的三分之一长度。当然床上的24年也有24年的用处，人生三大事情，出生的希望，做爱的享受，去世的悲痛，大多发生在床上；一个人一生可以更替无数件的衣裳，能睡坏几张床呢？所以不少人将卧室的床看得至高无上，是有道理的。

比起睡觉的时间长度，什么事情都显得渺小。一生的工作时间仅仅7年，人生的成功失败，豪迈落魄，都可以在7年之中找到注解。略微苍凉地想，人生的所有努力，都是以这7年为主轴，求学、求职、求爱，升官发财，穷途末路，决定了很多年的睡觉是否安稳踏实。曾经有过诸多和时间赛跑的人，怎么比得过时间呢？至多也就是7年多一点，悬梁刺股、废寝忘食的秀才，也没有赛过时间，所谓"古人不曾见今月，今月曾经照古人"，是也。

7年的工作是艰难困苦的，甚至还要为找工作而艰难困苦，总算是必须要做的事情；倒是无聊的事情，想推也推不开。

比如在十字路口红绿灯前的等待和在交通拥堵中的无奈，这份无聊哪怕是10分钟都会烦躁，这样的10分钟将会有2.6万次，长达6个月之久；对于要和时间赛跑的人来说，时间就是生命，时间就是金钱，一想到有6个月消耗在了无聊的等待中，好像命短了一截。

但是假如将这无聊的半年变成有效时间，也未必会利用它去创造生命和金钱。除了有效的时间，人更多时间是在无聊。反反复复地，打开电子设备后的第一件事情是游戏，而且还为游戏找到一个借口：工作前的热身，常常有聊和无聊静悄悄地本末倒置，工作成了游戏的借口。

假如要以最终的结果来论定是否有意义，其实一生中的绝大部分时间都是"明日复明日，明日何其多"，无聊本身就是意义，至少不必因为无聊而愧对人生。有许多事情，比如5年半围坐在餐桌前，9个月站立在厨房里和洗衣机前，这种事情，愉悦的时候是有意义的，愁苦的时候是多此一举的。对于英国人来说，一生中唯一有意义的事情，是在教堂祷告，可惜仅仅有14天。

分秒必争的城市里，时间对人的控制越来越严密，甚至残酷，于是生活课程表，像是好学生一样，全烂熟在了心里，连看表都是多余，手表就越来越趋向于可有可无，反而是在闲散的过去，没有钟表，简直就没法活了；过三五天，就要将手表上的分针和秒针齐刷刷地停在十二上，等着电台报时：刚才最后一响，是北京时间……

> 活者对死者的惋惜，常常是在为自己情感的失去，而不是为了死者。

来日纵使千千晚星

一个男人喜欢女人的款式和一个女人喜欢男人的款式，基本不变的。英语里有STYLE这个词，是"式样""款式"的意思，翻译成汉语总觉得不如英语本义贴切，但是大致意思还是有了。比如某个男人喜欢性感野性，某个男人喜欢温婉贤淑，即使他们恋爱婚姻数度，即使他们想着换一种口味，后来他们自己都承认，潜意识中，他们的口味，他们的喜好，还是这样的固守。

如果是喜欢一个明星，或许也是如此？有喜欢亢奋型的，有喜欢轻快型的，有喜欢热烈型的，也有喜欢忧郁型的。

喜欢忧郁型，在于这个明星表演了多少忧郁的内容，更在于细察到他的忧郁。世界上真是有以忧郁唯美的人，但是忧郁的极点是否还是美？或者只能说是凄美？

比如张国荣和喜欢张国荣的人。

虽然日历牌停留在2003年4月1日，张国荣的决绝一跃以及前前后后，仍然会得到源源不断的探秘和补充。不必说被张国荣感染过的一代歌迷，即使在张国荣去世前只知张国荣其名而不知张国荣其歌的人，都在叹挽这个名负天下却不堪生命的46岁男人，每年4月1日，总是会有张国荣的话题在绵延。

假如这个社会还不至于被网络速度逼迫得太过健忘的话，到了2053年，还会有人钩沉起50年前张国荣决绝一跃的感伤，就像当年的追星族、如今的文化老人在给我们诉说阮玲玉写下"人言可畏"的绝命词后自杀一样。假如在很多年中不会再有一个名气超过张国荣、告别方式惨过张国荣的公众人物，那么"来日纵使千千晚星"，张国荣必将占据着巨星的一方天空，而且必将成为畅销小说和电影长盛不衰的主角，就像美国人探究玛丽莲·梦露，英国人追忆戴安娜王妃，中国人在张国荣身上，倾注自己的想象力、创造力和一份遥远而恒久的感情。

一如非正常死亡的名流，在张国荣身上集结了太多的诡秘、太多的幽怨和太强烈的反差。所以人们才觉得极其极其的惋惜，所有的舆论都是在惋惜声中汇集。

除了张国荣自己，所有人都可以说，张国荣有一万条活着的理由，名声、财产、辉煌、被顶礼膜拜的快感——他有获取人间任何乐趣的能力。虽然他患了胃液倒流症，但是绝非不治之症，虽然传说中他是同志，且正经历着感情的危机，但是也不见得要以命相抵，凄凄惨惨戚戚。一个出租车司机说：像他这样的人还要自杀，我们怎么办？

但是张国荣还是决绝而去。对于旁人来说，张国荣有一万条活着的理由，对于张国荣来说，他只有一条理由，那就是死。庄子说，子非鱼，焉知鱼之不乐？我们不是张国荣，我们怎能理解张国荣活不下去的痛苦？名声和财富让一个人好活，却常常不让一个人活好。

好多年前，我们曾经为很著名的配音演员邱岳峰惋惜过，邱岳峰死于煤气自杀，后来我们还曾经为电台的女主持人滕佳惋惜过，也是死于煤气自杀……

或许，过了绝望的那个瞬间，他们自己都不会再选择绝望，但是在那一瞬间，死是唯一的理由。生命很多时候是一个坎，生命就是有过不去的坎。"来日纵使千千晚星，我也不再睁开我的眼睛！"

我们在为张国荣惋惜时，当然是出自我们的心愿。张国荣是否需要我们的惋惜？假如张国荣不选择自杀，我们会有什么药方疗救他的身心痛苦？活者对死者的惋惜，常常是在为自己情感的失去，而不是为了死者。

曾经和张国荣各霸香港歌坛半壁江山的谭咏麟有一句标志性的名言：永远25岁！后来常常被人们用来揶揄谭咏麟的暮色苍茫。张国荣没有如此的宏愿，但是他从香港中环文华酒店24楼决绝一跃，定格了他的年纪：永远46岁。就像戴安娜王妃永远38岁，梦露永远36岁。"来日纵使千千晚星"……

有那么三五年，我们常常被主人邀请进入主人新居的洗手间，接受主人关于洗手间智能化的高谈阔论，并且受邀享受智能化艺术化如厕，冲淋，吹风；嘻嘻，哈哈。

俗事情有俗智慧

再高雅的人，再高高在上的人，也必然要做和俗人一模一样的俗事情。且俗事情做起来，并不因为是俗事情就可以很俗地去做，可以像打发叫花子一样地去做，相反，因为要把俗事情做得很雅，所以在俗事情上花的功夫，用的心思，往往要比做雅事情多得多。俗事情经过包装经过改名换姓，俨然天高云淡，极其的淑女温婉极其的绅士风度，一派雅人做俗事情的俗智慧风范，虽然俗事情归根结底是俗事情。

比如吃喝拉撒的拉撒。

倘若说，吃喝是最高雅的事情，先有吃喝然后才有吃喝的文化，那么，拉撒毫无疑是最俗的事情，俗到了拉撒几千年依旧毫无拉撒文化可言。吃喝犹如是关云长温酒斩华雄，到东到西都是美谈，拉撒虽然还是关公的选项，却已经是走麦城的抑郁，只有闷在心底的份。

但是谁能说拉撒就没有学问？没有化俗为雅的智慧？

日本人率先将智慧不声不响地融入了拉撒之中，测量血压、体重和肥胖程度，化验小便，诸多体检项目，外加温度调节及吹风功能，不必出门，只需在自家卫生间轻轻松松地一坐，指数像卷筒纸一样顺势拉了出来。如今居家条件上好，盥洗室不仅需要是豪华洁具，还需要自助式的健康料理。这份健康料理，仔细一想，没有比安置在洗手间更恰到好处了。

俗事情有了智慧的渗透，便就俗得可耐。昔日皇帝每天也要做俗事情，那年月皇宫里最无法调和的矛盾，是皇上挑剔无边的生活要求和科技含量很低的物质水平。

电视剧《康熙王朝》中，蓝齐儿的生母容妃被贬去涮马桶。康熙拉撒和这些马桶有关吗？无关。皇上的拉撒叫作出恭，决定了不会和嫔妃太监用同样的东西。皇上拉撒，味道当然是不可以被皇上闻到的，即使来自皇上自己体内的气味。处置皇上的拉撒，据说不是一汪水，而是一钵细软的鹅毛，鹅毛悄无声息地收纳、掩藏，以致皇上觉得简直是坐在龙椅上一般。

皇上是奢侈的，但是没有皇上的奢侈，也就没有鹅毛的妙用。皇上是奢侈的，皇上从来不会关心有多少只鹅，被迫放弃"白毛浮绿水，红掌拨清波"的雅趣，而成为皇上俗事情默默无闻的铺垫。只是随着时代的变迁，细软的鹅毛升格为羽绒服，皇上的俗事情也进入智能化程序。

1960年代初，苏联大佬赫鲁晓夫出访美国，东道国为了显示气派，安排赫鲁晓夫参观智能化马桶，赫鲁晓夫谦逊好学，还好动，埋头细看间，触及了按钮，一道喷泉，直冲脸面，不经意地洗了一把智能化的脸。

如今翻开几十年前的老皇历，像一个段子，不过有那么三五年，我们也常常在向客人炫耀自己的洗手间，我们也常常被主人邀请进入主人的洗手间，接受主人关于洗手间智能化的高谈阔论，并且受邀享受智能化如厕，冲淋，吹风；嘻嘻，哈哈……这和彼时两个超级大国大佬间的摆谱较劲也相差不多。

洗手间智能化渗透到了家庭，人人得到的享受超越了当年的皇上，应该是普天同庆的，只是还来不及享受，那心事，才下眉头，又上心头。所有的智能，都是在耗能，不是耗电能，就是耗水能。于是急坏了伦敦市长，令旗一挥，"如果只是小便，不必冲厕所"，只是令旗还没有挥出去，便遭遇了伦敦市民的口水。几百年的绅士淑女之都，怎么可以不耻到人类文明的下限之下；文明与环保，有生以来第一次像忠孝一样不能两全。

大家心里明白，俗事情需要的俗智慧，比起雅事情需要的雅智慧，一点也不俗，一点也不简单。至少操办皇室婚礼是一件驾轻就熟的事情，一点都不头痛，但是皇室婚礼可遇而不可求，而吃喝拉撒，每一天都少不了。环球同此凉热。

> 一个将睡懒觉当作生活方式的人，一定是一个将夜生活恶狠狠延伸的人。反过来说，一个敢于终夜不睡的人，一定是一个善于终日不醒的人。

懒 觉 生 命 力

懒觉是什么？说出来让人觉得是在哗众取宠，但是不得不承认，懒觉代表了生命力的强弱。并不是每个想睡懒觉的人都睡得了懒觉，才早上7点8点就这么不情愿地醒了，也并不是每个不想睡懒觉的人都能够闻鸡起舞，闹了闹钟、请了"猫宁靠"还照样呼呼大睡，这是生命力的强弱表示。

懒觉睡得越香睡得也长，说明生命力越旺盛。睡懒觉是年轻气盛的专利。一头睡去，免了早中两餐，下午两三点钟才睡眼惺忪，慵懒地打开窗户——哇噻，西边的太阳快要落山了。一个将睡懒觉当作生活方式的人，一定是一个将夜生活恶狠狠延伸的人。

反过来说，一个敢于终夜不睡的人，一定是一个善于终日不醒的人。他们是不会将彻夜不睡用"熬夜"这两个痛苦的字来解释的，应该叫作"消夜"。同样是彻夜不眠，熬夜和消夜，代表了两种生命状态和生命质量。熬夜是艰难困苦的事情，像熬药，又是慢工出细活，又是吃得苦中苦；哪像是消夜，是消费夜里啊，K歌、派对、打牌、上网，不到华灯初上，进入不了角色；不到月明星稀，拉不拢大幕。吃得下玩得起睡得着，这是旺盛，是生命力的资本。

好像一个有能力赚钱的人，按揭买房甚至首付就付清脚不软一样。随着年龄上去，熬夜虽然还不痛苦，还不是煎熬，但是懒觉渐渐地打起了折扣。一门心思想一觉睡到日西斜，却无缘无故地醒了；甚至偶尔熬了个夜，作好了一切睡个懒觉的精神准备和技术铺垫，但是生理上的闹钟，准时地"猫宁靠"了。谁都怨不得，就怨自己——睡懒觉的能力减低了，像酒量下降、性欲减低一样的无可奈何。

再老下去，开始早睡早起，夜里不睡觉真是熬了，而且还熬不过去，八九点钟的时候，青春年少夜生活刚刚拉好场子，他老人家已经姑苏城外寒山寺，夜半钟声到客船了。而早上五六点，人家刚刚睡下，他不起床就浑身难受，哪怕再多睡片刻，都会像是熬，还不如起床熬中药，倒是一点没有受煎熬的感觉。

洞察一个人的生命力从旺盛走下衰落，最细小的区别，是不需要闹钟了，想什么时候醒就什么时候醒，枕边需要有钟表陪侍夜里睡不着可以看看我这边几点。

以前手表有夜光功能，如今夜光表怕有辐射，床边柜上通常是电子钟，红色的数字一秒一秒，半夜醒来，惺忪的余光看到了时间。终于有一天，看不清楚几点几分了，还要戴一副老花眼镜，待到几点几分看清楚了，人却是睡不着了。才3点45分，天还墨墨黑。

正因为懒觉代表了生命力，所以大凡年纪轻轻的，都爱标榜炫耀自己的懒觉。而为了证明自己什么什么很旺盛，就作秀一样地睡懒觉的人也是有的。

> 男人懂香水,那是买过足够多的不同香水,送给过足够多的不同女人,谙熟各款香水的异同,谙熟各款女人的喜好;风月场上照样也是充满了灵气和历练。

嗅 觉 心 理

《闻香识女人》是一部了不起的电影,大概也就是像阿尔帕西诺这样的男人才能承担一个闻香者。

闻香者要有两项难度系数超高的本事,他要懂香水,他要识女人。

男人懂香水,谈何容易?不像是懂白酒红酒,几个来回的干杯,貌似已经深深体会。懂香水,那是买过足够多的不同香水,送给过足够多的不同女人,谙熟各款香水的异同,谙熟各款女人的喜好;风月场上照样也是充满了灵气和历练。同为香水,浅浅而嗅,便知道是什么香水什么香型,没有几个男人敢夸这个海口的。至于识女人,表面上看,是阿尔帕西诺用香水做了识别女人的工具,实际上是他对女人太过熟稔,他知道女人和香水之间的个性重叠,香水是无言的代言。

与其说阿尔帕西诺是闻香识女人,还不如说,他也是识女人揣测香水。眼睛明亮时,他看一眼女人眉宇之间,温婉、骚动、妩媚、冷

花露水不是水,曾经流行是香水。

艳……便知道这个女人对香水香型的喜好。眼睛失明后,香水便是他用来判断女人的一个实物。什么样的女人用什么样的香水,在阿尔帕西诺心里是有一份明确的说明书的。阿尔帕西诺闻香识女人,是阿尔帕西诺的乐趣,女人香水被识别,是女人的乐趣。

当然,闻香识女人和女人被闻香,是有先决条件的,那是高档的香水和高贵的女人,也可以倒过来说,需要高贵的香水和高档的女人,尤其是香水。假如不贵,香水的香会被怀疑不是来自天然的植物。女人对香水的追崇保持着宁缺毋滥的优雅。

但是女人们没有想到的是,她们对香水"宁缺勿滥"的优雅追求,一直被香水制造商利用。

某一年,法国反垄断监察机构将一张4 600万欧元的罚单送达包括香奈儿、兰蔻在内十三个品牌的香水制造商,指控他们联手操纵香水价格,由此损害了消费者利益。厂商们辩解说,昂贵的价格是为了保持香水"奢侈品形象",意思是说,香水的价格是香水的附加值,一旦去除了价格附加值，香水会比它减了价的价格更不值钱。于是吃了罚单的香水依旧保持着自己的高贵和优雅，这也间接地保护了高贵和优雅的女人的自尊。

香水式自尊是需要的，即使这样的自尊有点儿虚无。

因为香水代表了嗅觉的最高意境，它让所有的美好气息有了自己的偶像。

上好的香水从植物中提取而来，聪明而实惠的上海女人直接将植物佩戴在前胸，那就是栀子花、白兰花和茉莉花了。当然也已经是过去式了。

一方水土养一方人，一方女人戴一方花；北方女人喜戴大红花，广东女人一年四季看到太多的花，也就只种不戴，唯独江南一带，尤其是上海女人，喜欢三五个小花朵用极细的铁丝串起来，让一缕极其淡雅的清香点缀自己。三种小花朵开在初夏潮热时，简直是为上海女人去除汗湿的度身定制。

也就是这几年，上海的淮海路上，常见俩仨老太，在街边摆了栀子花白兰花的小摊。自有女人在买，有更多女人甚或男人用手机拍了下来，发到朋友圈，表明自己的清新脱俗。不经意间，他们是拍下了淮海路的器质性街景——闻香识路。

要是阿尔帕西诺在淮海路邂逅佩戴栀子花白兰花和茉莉花的中国江南女人，也许他会礼节性浅浅一嗅，却是说不出个所以来。

> 一个人的脱贫是从嘴巴开始的，一个人的讲究是从外衣、外貌开始的，也就是从面子开始的。

手纸的传说

一个人的脱贫是从嘴巴开始的，一个人的讲究是从外衣、外貌开始的，也就是从面子开始的。

乍一看，西装笔挺，像模像样，其实里面的汗衫背心是洗不干净的黄蜡蜡的，还穿出了破洞，反正人家也不会翻开西装要查看背心的新旧；讲究的原始动力是为了作秀，是等着人家赞美的讲究，比如一件大衣，一条围巾，一款手表，一枚钻戒。只有完成了虚荣式的外表讲究，由外入内地讲究时，那是为了自己。骨子里的讲究像血液一样心照不宣。

曾经有位美食家纵论观察酒家卫生之道：先去看看洗手间，如若洗手间一地湿漉漉，洗手面盆边上污垢没擦干净，可以推论厨房间定是满地油污，洗菜洗盘子一定很马虎。

居家也基本如此。看一家人家的生活方式，客厅大可忽略不计，摆设多是给客人参观的，卧室不可以去，是主人的私密地带，像是主人的内衣，哪怕主人邀请也应婉拒。唯有洗手间里非装饰非洁具非化妆品非摆设之类，最不起眼、却又恰似当家丫环的角色，最可以看出主人过的是什么日子。

葡萄牙一家纸品生产商决计为洗手间的主人燃一把"红色激情"：用红色的手纸，来取代传统的白色手纸。没多久，这把红色激情在欧洲蔓延燃烧。早前，这家公司的黑色手纸，迎合了前卫艺术家和足球明星的心理，这把红色激情之焰，也轻而易举地化腐朽为时尚。居家生活精致到了手纸也需红黑白，这是没有办法用来作秀的，即使想炫耀也开不了口，只能是给自己享受的——留给自己的生活，理当是只有自己知道的。

人的每一个官能部位，不论雅俗，都有平等的享受权利。如果进一步揣测，白色手纸想要得到的效果是干净，黑色和红色的手纸，不再需要考虑干净，干净是基础层次，要考虑的是基础之上。那是什么？是和性有关，和激情有关。

所谓水不到渠不成。许多事情不是做给别人看的，但是要是别人都看不下去时，这事情一定很糟糕，而当事情很糟糕时，它的细枝末叶，就像"四舍五入"中四以下的数字，一概不予考虑。

以前单位公厕不供手纸，自己也不备；真遇到内急，定当急中生智：看到某人点了支烟、卷了张报纸出办公室，回来时一定撕去了一两版，还笑嘻嘻的；那时候公厕是有异味的，抽烟的作用在于排毒。如今当然不会了，自备的纸巾虽然比不上"红色激情"，但是比那些农家乐小饭店里餐巾纸好多了。那一叠叠的餐巾纸倒也有红色黄色，太过香俗。脸上一揩，纸屑在脸上贴金一般黏附。没有激情，只有难为情。

这一个饭局的买单是下一个饭局的策划,饭局形散而神不散。一盘没有下完的棋,是艺术的夸张;一顿没有吃完的饭,在饭店"来来来,请再来一杯"的何日君再来微醺之余。

天下就有不散的筵席

曾经参加过令自己刻骨铭心的筵席,因此叹惋过、感慨过,为什么天下就不可以有不散的筵席?这究竟是《红楼梦》里秦可卿不应该托梦给凤姐,还是后人一直无法突破曹雪芹规定的筵席时间框架?连歌手郑钧都不得不在自己歌里哼哼唧唧"天下没有不散的筵席,一切全都全都会失去",可见曹雪芹的"筵席定律",像牛顿定律一样经得起时间的考验。

谁都不曾细想过,那已是很久很久以前的理念了,如今的筵席,假如曹雪芹老人有幸受邀,说不定就打算重写《红楼梦》了:这天下,就有不散的筵席,而且这筵席,并不是发生在王母娘娘的蟠桃宴,是发生在饭店里,在你我去过的筵席中。

和从国外回来的朋友小聚,朋友由衷感叹国内饭店的繁荣,尤其上海;甚至后悔当初为什么将筹来的钱用在出国上,而没有想到开一家饭店。为什么国内饭店生意这么好,国外真不是这样啊。

如今的筵席，也就是饭局，越来越多，常常只有推不掉饭局的理由，却没有推掉饭局的理由。喝酒间，朋友说要给自己的孩子找一所好的幼儿园，同席者有人自告奋勇，并且立即打电话张罗，约朋友的朋友一起吃顿饭。

于是国外回来的朋友对饭局繁荣有了初步的认识。一个月后，朋友想要打听些进展，巩固一下友谊，于是吃了第二顿饭，再一个月后，朋友的孩子如愿进了满意的幼儿园，于是朋友要答谢新老朋友；何以解忧，唯有杜康；何以答谢，唯有饭局。饭局并不是奢侈，但是饭局真是作谢的好场所。从为朋友国外回来小聚，到朋友为孩子入学答谢朋友的朋友，三次饭局依次而设。

饭局并没有终结，第三次饭局，有了新朋友新谈资，也有了新问题需要解决，需要有新饭局来达到新目的。这时候的饭局，既是抒情的，更是叙事的办事的：不提升友情，不可能叙事办事；不叙事办事，友情也就空泛。

几乎所有的饭局，都是某种形式某种程度的工作晚餐。这时候的饭局，像是上百集的肥皂剧，又像是一千零一夜的故事，这个饭局的买单是下个饭局的策划，饭局形散而神不散。一盘没有下完的棋，是艺术的夸张；一顿没有吃完的饭，在饭店"来来来，请再来一杯"的何日君再来微醺之余。

"工作"晚餐，喝下去的是交情，慢慢消化的是什么？是交易。交易并非贬义，不必过于狭隘地理解，哪怕"你是我的菜"，也是交易的一种，却是做了交情的包装。交情和交易兼容，未尝不可。交易交出了交情的美丽意外，也不少。这才是筵席天天有、交情日日新的"内卷"。

纯粹友情的酒当然也不少，至于友情是否纯粹是另外一回事情。常常今夜里唱着"友谊地久天长"的歌，明天友谊小船沉没，拉黑交恶，又去打开新朋友新饭局的气泡酒，勾肩搭背加拥抱地"友谊地久天长"，像大圆桌转盘上的菜，转来了，转去了，吃了或者撤了。

天下就是有不散的筵席。不散的是筵席的席，人却不一定。